Josef Tarneller

Die Hofnamen des Burggrafenamtes in Tirol

1896 - 1897

Josef Tarneller

Die Hofnamen des Burggrafenamtes in Tirol
1896 - 1897

ISBN/EAN: 9783337330637

Printed in Europe, USA, Canada, Australia, Japan

Cover: Foto ©Thomas Meinert / pixelio.de

More available books at **www.hansebooks.com**

b. Griefs [1]
  Altschuolhaus [2]
  Kránewitgüetl [3]
  Narrenguot [4]
  Sagmaister [5]

Saliterer [6]
Küechlguot [7]
{ Hofmann [8]
{ *Laimguot*

(2ᵇ.) 1. der kleinere Teil der Markgenossenschaft Vill (s. S. 109 Anm. 1), am rechten Valschauerufer ligend, heifst seit uralten Zeiten Griefs: 1694 Her Balthasar Deprida Kramer am Gries, 1376 in arena leunani; 1369 Lanani in arena, Frizo faber in arena, Hainr. in arena, Ulin. d. Hále an dem griez, Chunr. d. Swener in arena; 1355 am griez. Der Name bezeichnet treffend die Beschaffenheit des Bodens, diser besteht in geringer Tiefe aus eitel Bachgriefs. Jetzt bildet diser Teil den Mittelpunkt des rechtlichen und geschäftlichen Lebens. 2. bis in die achtziger Jahre hatte jede Markgenossenschaft eine eigene Schule. Das Schulbeneficium an der Mariahilfkirche wurde 1780 gestiftet. 3. FN. 1789 Ant. Kranewitter Schuemacher, 1749 Flicker Schuesterhäusl negst am Narrenguet. 4. nun Schweizer FN., früher geteilt: 1749 *Narrenguet* in der Vill ligend, behaltet Franz Wenin den halben Tail mit Rotgerberwerkstat, den andern halben Tail Narrenguet hat Hr. Jos. Ant. Glöggl; 1592 zwo Behausungen am Griefs an Kiechlguot stosend, Garb u. Nar Pinterhaus; warsch. 1363 Chuonr. d. Pleuge locauit Hainrico d. vazmacher in arena filio q. Waltheri de maraun ex Ultimis aream super quam Hainr. conductor de novo construxit domum et canipam et ortum vinealem ac pomerium et viam conducentem super bona locata in arena in superiori leunano, coheret serra dom. Petri de Schennano, 1365 erscheinen beide neben einander als Zeugen, pr. Hainr. vazmacher de arena, Chuonr. Pleuge. 5. 1749 Sag negst unter der Mariahilf Capellen mit Walch. Eine uralte Säge: 1318 in praes. Wernheri dicti sagmaister de arena in launano, 1363 serra dom. Petri de Schennano, 1414 Lienhart an der sag am griefs, 1439 Hensli sagmaister; aus disen Sagmaistern scheinen die Hrn. von Sagburg hervorgegangen zu sein: 1614 verkauft Veit Sagmaister von u. zu Sagburg als Gerhab der Söhne weiland Casparn von Goldegg zu Greifnegg an Jacob Andre von Brandis Wise auf der Lagreid u. auf Cartein. 6. 1757 Salliterhäusl, 1749 Sallitererhäusl unter Mariahilf aufm Griefs. Saliter (sal nitrum) = Salpeter, Saliterer = Händler mit Saliter. 7. auch Lang FN. 1757 Kiechlguet in der Vill, 1592 Kiechlguot dem Caspar Langen zuegehörig, 1480 Küechlguot. 8. 1779 nur mer Hofmannguot, 1749 Laimguet (bestet aus Stadl u. Stallung one Behausung, massen anvor der Stadl ain Behausung gewesen) mer das Hofmanguet in der Vill, 1570 Andre Hofman hat inen das Hofmanguet ist ain söldguet mer das Laimguet ist ain söldguet, 1412 Laimguot u. Hofmanguot am griefs. Der N. Laimguot ist übertragen: 1376 dom. Joachim de praunsperch et soror eius dom. Margareta heredes domini Hainr. de praunsperch

Schöpferhaus[9] }	Gschálhaus[13] }
Rosengarten[10] }	Schöngaul[14] }
Tanzerhaus[11]	Késslerhaus[15]
Brückenegg, neu	Hirschenwirt[16]
Schönwetterhaus[12]	Spétzger[17]

nec non dom. Jeclinus de Levnenberch iure hered. concesserunt Chuonrado
d. Laymer ex valle Ultimis domum et ortum et pomerium situm super
antiquo riuo in arena Leunani. Hofmann u. Küechlguot scheinen alter
Braunsberger Besitz zu sein: 1369 in domo dominorum de praunsperch in
arena, 1366 dom. Rendlinus de Brandiez tamquam heres dom. Gretline uxoris
dom. Pauli de praunsperch filie q. dom. Sweikeri de runchs concessit Diemle
uxori Christani de purch domum et vineam in loco d. am griez, coherent
bona praunsperch, 1355 dom. Margareta uxor dom. Pauli de praunsp. filia
q. dom. Sweikeri de Rungs locauit Ulrico d. wegschaider filio q. Jacobi de
Rukgegel domum et vineam in super. Leunano in loco d. am griez, coherent
bona Pauli de praunsp. que colit Dietlinus, 1306 Hainr. von Brunsberch tut
kund, dass er u. sein Bruder Swiger ,daz guot an dem griese, daz da stösset
an Buzagels, lehen vom Gotzhuse ze wingarton, getailet' u. dass er seinen
Teil nach seinem u. seiner Wirtin Agnes Tod gewidmet habe ,dem Gotzhus
von wingarton'. 9. nun k. k. Post. 10. jetzt Sitz des k. k. Bezirks-
gerichtes, Steueramtes u. der Gemeindeverwaltung. 1749 Rosengarten hat
inen Hr. Adam Jos. Schöpfer zu Klarenbrunn, 1570 Rosengarten ist ain
Viertl aines hofs, 1480 das Haus im rosengarten, 1384 in praes. Jacobi im
rosengarten, 1366 in pomerio d. rosengarte. 11. 1789 Paul Telser Kupfer-
schmid z. von der Fruemessbehausung; 1757, 1592 Früemessguot. 12. 1789,
1749 Schenwetterbehausung (gibt Afterzins in das Gschalguet). 13. gegen-
wärtig Apotheke; 1757 Hr. Joh. Ehrenreich Prugger paut die Hälfte des
O. Gschalguots mit Gmainsrecht in der Vill, Behausung mit Ládelen in denen
Satler Kössler u. Pixenmacher wonen, 1486 Hans am gschal am griefs, 1480
gschálguot am griefs gelegen, 1369 in praes. Christani carpentatoris an dem
geschále. An diser Stelle wird das Mül- u. Malwasser aus der Valschauer für
die Bedürfnisse der ganzen Ebene bis zur Pfarrkirche hinunter gewonnen. Es
fliefst durch ein Gschál in die Schutzmauer u. unterirdisch eine Zeitlang fort,
bis es, nach mereren Richtungen geleitet, zu Tage tritt. 14. 1757 Johannes
Prugger am Griefs hat inen die Paurecht des austailigen O. Gschalguots mit
Garten u. Metzgpank, 1746 das halbe O. Gschalguet, neu erpautes Haus u. Metzg-
pank dapei. 15. früher Apotheke; 1789, 1757 Késslerbehausung auf dem
Griefs (gibt Aftergruntzins in das U. Gschalguet), 1570 Kesslers haus.
16. 1789 Gschallschmitten, 1757, 1749 Schmitte am Gschall (Afterzins in das
Gschalguet), 1570 Hans schmid am gschall. 17. 1779 Spezgerhaus. mhd.
specier, speciger (aus mittellat. speciarius) = Spezereihändler. Der frühere Besitzer
Dusini kaufte bei einer Versteigerung im Lobenweinhause eine grofse Zal von
älteren Schriften als Einschlagepapier, die sich dann als Urkunden aus dem Amte
Lanan des Klosters Weingarten (spät. Stams) herausstellten u. aufbewahrt wurden.

Petereggmann[18]	Wismair[28] ⎫
Kreuzwirt[19] ⎫	Sagmül[24] ⎬
O. Béck ⎭	Metzgerhaus[25] ⎭
⎰ Adlerwirt[20]	Weinmesser
⎱ *Reinerhaus*[21]	Lochmann[26] ⎫
U. Béck[20]	Huoter[27] ⎭
Schlosserhaus[22]	Koflschmid[29] ⎫
	Tischler.[29] ⎭

18. auch Pruggerhaus genannt; 1757 Gall Eggman als Peter Egg-
manische Descendenz paut das *U. Gschallguet* am Griefs mit Tail u. Gmain,
1749 U. Gschallguot (Hr. Peter Eggman).   19. 1779 Wirtstafern am Kreiz
nebst Beckenpfister, 1749 O. Wirtshaus samt Pöckenpfister, 1592 O. Wirts-
haus.   20. 1757 Adlerwirtstafern am Griefs das U. Wirtshaus genant samt
daranstofsender Beckenpfister welche in Stritt, ob sie zu Adlerwirt od. gleich
darunter ligender Greifischer Behausung gehört, 1694 Ferdinand Miller
U. Wirt am Griefs, 1649 U. Wirt am Gries; 1404 in praes. Andree caupo-
nis in arena plebis Lanani (U. od. O. Wirt?).   21. gehört zu M. Lanan
s. Anm. (3) 39.   22. 1779 Behausung mit Schlosserwerkstatt, 1592
Schlosserhäusl am Griefs.   23. FN. 1789 Titl Hr. Joh. Jos. Wismair von
Haus, Infang u. Garten.   24. 1789 Mülbehausung, 1592 Haus, Sag, Mül,
Mezgpank u. Garten zum *Schenmüller* genant am Griefs in O. Lanan gelegen,
1570 Behausung zum Schenmüllner samt Sag u. Mül auch Garten u. 1 Tagm.
Wiesen, 1536 Ulrich Eggstain genant Schönmüllner zinst von seiner Behausung
Sag u. Garten am Griefs.   25. jetzt Reichhalter FN. 1592 Mezgpank am
Griefs.   26. FN. 1779 *Mairguot* mit seinen Stückern haben innen die
vier Lochmanischen Töchter, 1757 Franz Lochmanische Erben pauen das
Mairguot ob den Griefs mit Tail u. Gmain in der Vill, 1749 Hr. Franz
Lochman paut das Mairguet in der Vill (gibt dem Gschallguet Afterzins);
der letzte Umstand lässt schliefsen, dass wir es mit keinem ursprünglichen
Mairhof zu tun haben, sondern dass warsch. ein FN. vorligt, u. wirklich
findet sich 1592 als Grenze zu Schenmüller (Anm. 24): Weingart weiland
Jacoben Mair am Griefs, 1570 Michael Mair hat inen ain Behausung am
Griefs samt Garten, ist ain Viertl ains hofs, zinst in das Gschallguot.
27. Gewerbe; 1749 Behausung ob dem Mairguet am Gr. so vorhero ain Mül
u. dem Mairguet incorporiert gewesen (Hr. Joh. Grabmair).   28. 1757
Schmid aufn Kofl; eine uralte Schmitte: 1381 Hainr. Faber auf dem chofel,
1369 Lanani in arena in domo Frizonis fabri dicti auf dem chöuellein, 1355
in praes. Frizonis fabri habitatoris in superiori Leunano am griez.   29. 1789
Sattler Behausung; 1757 war das Koflschmidanwesen ‚in Stuck zertailt':
Behausung u. Garten erwarb Fridrich Thaman Satlermaister, die Schmitten
usw. Marx Schaller Schmidmaister, einen Haustail Joh. Prember landes-
hauptmannschaftlicher Fischer.

10*

3. Mitterlánan.[1]   Blasbüchl[2] H.

(3) 1. als Markgenossenschaft früher durchweg Oberlanan: 1757 Ober-
lana, 1749 Oberlännä, 1633 Oberländer Gemain, 1566 Oberlännäner gemain,
1489 gemainschaft zu Oberlána; 1322 pratum situm sub villa Oberlaevnan
in loco dicto auf Grateyn, 1279 in superiori Lovnon, 1276 Seibant de ober-
lonan, 1266 Obroleunon. Zur Ortsbestimmung für die untern Höfe in
M. Lanan u. für die obern in N. Lanan wurde jedoch schon früh *in medio
leunano* angewandt, 1266 Mittirleunon scheint einen Hof zu bezeichnen
(Wirtemb. Urkb. 6, 270) s. Anm. 88.
       Die Markgenossenschaften deckten sich nicht mit der gerichtlichen
Einteilung; wärend merere Höfe von M. Lanan zum Gerichte N. Lanan ge-
hörten, stand eine bedeutende Zal von Anwesen in N. Lanan unter dem
Gerichte Stain. Ich bezeichne die Ausnahmen in M. Lanan durch ein vor-
gesetztes *N* (= Gericht Niderlanan) u. in N. Lanan durch ein vorgesetztes *St*
(= Gericht Stain unter Lewenberg), die wenigen *Gr* bedeuten Greifenstain-
Burgstall, vgl. S. 81 Anm. 1.
       Auffallend bei der so überwigend deutschen Benennung der Höfe sind
die Riednamen vom Griefs bis zur Pfarrkirche. Wärend die später dem
Gewässer abgerungenen Fluren im Osten, an der Valschauer u. der Etsch,
deutsche Namen tragen: Aichwisen 1570, Bannau (1279 Bannowe), Kammer-
(1242 pecia prativa in pertinentiis leunoni sup. que dicitur kamerwisen),
Graniz-, Pfersich-, Leilachwisen, Auen, Hochegart, erweist sich der breite
Strich ebenen Landes, auf dem die meisten Höfe ligen, durch die vordeutschen
Riednamen als uraltes Bauland. Hat einmal, wie es warscheinlich ist, die
Valschauer hier ihr Bette gehabt, so muss es in vorgeschichtlicher Zeit ge-
wesen sein. Dise alten Riednamen, jetzt meist verschollen, lauten: Buzagels
1266 (Sn. 130 puteaculum, Uf. 29 bugeaculum), Kartein (1580 Kartein im
O. Lanener Veld, 1381 Kurtein, 1322 Grateyn, 1316 in Crateyn, vgl. Uf. 37,
u. Uf. 36, Sn. B. I, 40), Lagreid (1592 auf der obern Lagreid — die untere
Lagreid ligt unter der Pfarrkirche: 1757 auf der untern Lagreid in Eglsee —
1276 pratum in Nugareide, Sn. B. III, 26 nucaretum), Gschnal (1601 Anger
ob dem Rebmanguot in Gschnall ligend, 1482 Scanaal, 1381 chasenal, vgl.
Sn. B. I, 35 casinale), Pschoal (1482 Pitschor, 1480 pitschair, 1397 patschay),
Katzen s. Anm. 8, Praitlad (1320 Plattelade, vgl. Sn. B. II, 91); s. aufserdem
die Anwesen Unsinn Anm. 29, Rabau Anm. 30 u. Gartscheid Anm. 31.
       Die urkundlichen Angaben für Griefs, M. u. N. Lanan sind zum grofsen
Teil dem gräfl. Brandisischen Archiv entnommen, ein Teil dem Pfarrarchiv
u. dem Interessentschaftsarchiv von M. Lanan.
       2. 1419 mansus in foyana plebis Tisen (irrtüml.) ubi dicitur zem plos-
pül (A. Proveis), warsch. 1360 pühlguot, da es unter den *gerewtern* = Rateis
aufgezält ist; 1577 Wolfgang plaspüchler, 1526 Hensli Blausbichler (Wein-
garter Rodel), 1483 Cunz plaspuchler, 1469 Andre plaspühler. Der Hof
gehört zu keiner Markgenossenschaft.

U. Mösl[3] S.   Büchler[6] $^1/_2$ H.

Mauslocher[4] S.   Schiefseben[7] S.

A. Runggégl[5] S.   Katzental[8] S.

J. Runggégl[5] $^1/_2$ H.   Scheibner[9] S.

———— ——   Lánegg[10] $^1/_2$ H.

Kematerhaus

3. 1592 U. Mösl, 1539 Möslguet, 1480 Hainrich Mösler, 1356 fritzo dictus Mosel, 1307 Sweikelin Sohn w. Purchhards von Prunsperch verl. Hainrich Moseler Wise auf Panawe zu Erbrecht AB. 2199. 4. 1592 Mauslochguet, 1539 Meuslocher, 1480 güetl zu Meysloch, 1394 Meuselguot in medio leunano, 1356 dom. Paulus de Praunsperch titulo iuris hered. locauit Mauricio de Morsan ex Ultimis et domine Metze uxori sue bonum Mausloch nuncupatum. 5. 1592 Vorder Runggéglguet, Hinder Runggégl; 1539 Niclaus Runggegler vom vordern, Andre Runggégler vom hintern Runggéglhof, 1430 Wilhalm von rukgengel, Nikel von ruggengel; 1369 Wilhalm de Runkegel de super. lánano, 1338 Ulli genant rungkögler, 1322 dom. Diemuodis relicta q. Hainr. molitoris de völlano et filii sui Chuonr. et Berht. vendiderunt Jacobo de Runkgegel pratum situm sub villa Oberlaevnan in loco dicto auf Grateyn; Ableitung von *runca* Sn. III, 35.

Dise fünf Anwesen ligen noch in der Ortsgegend Rateis, s. Föllan Anm. (1) 1 u. 7. 6. 1592 Püchlhof, 1482 der pühler am pühlhof, 1369 pühelhof; 1453 Fridrich puchler, 1394 Ulrich pühler, 1331 Cristan ab dem pühel. 7. 1526 schiefseben, 1266 Graf Meinhard von Tirol beurkundet ,quod dom. Her. abbas monasterii in Wingarten, cum sedimus in iudicio in pratis apud Meranum, bonum dictum Schieseben a dom. C. Non^{ar} per sentenciam optinuit diffinitivam' (Wirtemberg. Urkb. 6, 279). 8. 1757 Katzentalguet, 1480 das guet genant in dem Katzental. Das unscheinbare Tälchen hat seinen Namen von der darunter ligenden Flur Katzen: 1749 Anger auf Kazen, 1519 zwai tagm. wise auf dem katzen zu Oberlena, 1318 Weingut in dem Chatzen zu Lanan AB. 2263; vgl. S. 79 Anm. 7. 9. 1749 Scheibguet, 1566 Scheibenguot, 1480 die unter scheib, die ober scheib. 10. 1779 Lanegg od. Röderhof, 1614 die Hrn. Christof, Karl u. Philip Jacob Geprieder von Hausman zu Stötten u. Lanegg, 1592 Rederhof genant Lanegg, 1564 wollte Hr. Georg von Helmsdorf seinen Rederhof in O. Lanan zum Edelsitze Lanaburg erheben lassen. Als die Hrn. von Brandis Einsprache erhoben u. nachwisen, dass Lanaburg die alte richtige Schreibung für ihr Schl. Leonburg sei, änderte Hr. Georg den Namen in Lanegg (Ferd. Zeitschrift 3, 18, 168). 1497 Hainr. rederhofer, 1453 Lienhart rederhofer, 1381 curia que dicitur rederhof sita in loco qui dicitur chasenal, 1364 ich Chuonr. der Antwurter vergich u. tuon kunt . . daz ich enphangen haun mit willen u. gunst meiner elichen wirtin fraw Angnesen Engelin dez Tarantz tochter von heren Ludwigen ze den ziten abt dez Gotzhus ze Weingarten den rederhof

N Rebmann[11] $^{1}/_{2}$ H.
Schlögele[12] S.
Bángarter[13] H.
Pschail[14] S.
Rédermacher[15]
Réschenschneider[16]

Mésenhaus[17] S.
Enderbacher[18] S.
Lingermül[18]
Wáldele[19] $^{1}/_{2}$ H.
Waldmann[20] $^{1}/_{2}$ H.

Halbn, gelegen hie dishalb sant Margareten, nauch seins gotzhus recht mitt semlicher beschaidenhait, 1333 Uele genant rederhofer, 1266 Graf Meinhart beurkundet ,quod Bertoldus Tarant Obroleunon super domo dom. Herm. abbatis in Wingarton curias super Pudelin, Blours, Rûdelins, Redirhof, Mittirleunon et curiam Vsserhof iuxta Forsthof, que ad monasterium Wingarton pertinent, ab abbate recepit pro censu librarum viginti Veronensium singulis annis' (Wirtemb. Urkb. 6, 270 f.). Nun ist Lanegg das Mutterhaus der Deutschordensschwestern in Tirol.   11.   1694 Jacob Wunderer hat Innen den Rebmannhof, 1548 Caspar Rebmann, 1536 Rebmannguet zu O. Lanan, 1470 rebman ain halber hof, 1333 Christan genant rebman, 1288 mansus in Mitterlounan in loco qui dicitur Rebmanne.   12.   FN. 1749 Staßguet mit Tail u. Gmain (Jos. Schléggl), 1592 Staßguet, 1480 stauelser. 13.   jetzt Schulhaus für die vereinigten Knabenschulen; 1570 Pámbgarthof, 1539 Balser im Pangarten z. vom Pangarthof, 1430 der pangarter, 1384 Walther Crebser u. Chunr. schaffer verk. frawen kathrein der prandizzerin Hrn. Randolds sel. wirtin daz pawmgarten guet um 12 Mark, 1333 Conrat genant pámbgarter.   14.   1747 Pschailguet mit Pinterwerkstadt Tail u. Gmain, 1601 Pindter auf Pschair, 1570 Haus auf Bschail ist ain viertl ains hofs.   Flurnamen: 1482 weingarten auf pitschor, 1480 auf pitschair, 1397 Hr. Rendlein von Brandis verl. Hainrico sartori domum et ortulum apud capellam s. Petri in loco d. auf der patschay, 1369 vinea in loco paschwaier, coheret vinea chestenholz et bonum vnsin?   15.   1779 die Pfefferlesche Witib besizt Behausung u. abkomene Rödermacher Werchstatt, 1749 Rödermacherhäusl bei S. Peter.   16.   1749 des alte Metzgerhäusl bei S. Peter. 17.   1779 Mesnergüetl bei s. Peter, drauf das Schuelhaus der löbl. Gemain M. Lana, 1480 mesner zu sand peter; 1414 an der gewönlichen Gerichtsstätte zu s. Peter, 1321 in Leunano coram cimiterio ecclesie s. Petri (A. Tisens). 18.   1779 Pizonguet (Enderbacher Feuer u. Fueterbehausung), Granth Mihl; 1749 Pizohnguet u. Grandtmül (Math. Grohn u. Joh. Linger Müllermaister); 1570 Jakob Hueber am Hueberhof hat inen das Pizanguot ist ain söldguot, 1566 Pizanguot.   19.   1749 Waldele ist ain halber Hof hievon die Behausung abkommen u. nur mer ain altes Gemäuer erfindlich mit Tail u. Gmain in O. Lanan, 1566 Waldelehof, 1437 Hans wáldele.   20.   jetzt Résch; 1615 Thoman Lobenwein am Waldmanhof, 1592 Helmleins od. Walmansguet (Thoman Lobenwein), 1570 Waldmanhof ist ain halber hof, 1430 der Toni von hälmleinsgut, 1394 praes. Chunr. d. waltman de lounano, 1322 Konrad Sohn des Waltman von O. Lanan verk. Haus u. Garten in O. Lanan apud dictum Anehen AB. 2292.   PN. Waldman F. I, 1246.

Ladurner[21] H.   O. Büttelhuob[26] ⎫ H.
Glaserhaus[22]   U. Büttelhuob   ⎭
Widerwirt[23] S.   Gappmül[27] ⎫
Forsthofermül[24] S.   Gapp[28]   ⎭ S.
Goldegg[25] S.

21. FN. 1757 Hr. Bartlme Ladurner am *Prugghof*, 1749 Martin La-
durner am Prugghof, 1570 Prugghof ist ain ganzer hof, 1439 Hans bruggner,
1333 Hainrich genant brugger, 1324 Hainr. prukner, 1266 W. (Walther) de
Brugge (Wirtemb, Urkb. 6, 271).   22. 1779 Jos. Frölich Glaser besizt das
Metzgerhaus, 1749 Mezgerhaus bei s. Peter, 1480 das haws das inhatt Hans
metzger.   23. 1779 Wirtstafern am schwarzen Wider, 1749 Wirtshaus am
schwarzen Wider, 1608 Hans Georg von u. zu Helmstorff verk. Ant. Frei-
herrn von Brandis Grundzins u. recht der Wirtsbehausung bei S. Peter, 1577
Stefan Spät wirt bei s. Peter, 1570 Wirtsbehausung ob s. Peter.   24. 1779
geteilt: Mül u. Hälfte aus dem Forsthofguot, die obere Hälfte der Be-
hausung usw., dises Güetl hat die Hälfte Tail u. Gmain in M. Lana; 1757
Hörmanguet samt Muesmül, 1753 Forsthofermül, 1749 Hermanmül; 1570
die mül beim Hörman ist ain söldguet, 1566 Hermanguet, Mül zum Herman,
1480 die mül vntterm galldecker. Der Forsthof ligt in der Gegend, Pfarre
Lanan, Gemeinde Ulten.   25. 1753 diser adeliche Ansitz in M. Lanan
Gerichts Stain unter Lebenberg wurde 1712 gekauft (Marienberger Lechen-
bereitung), 1580 Benennung des Goldegger'schen Ansitzes zu Ober Läna,
der auch vor uralten Jahren Goldegg geheifsen u. mit adelichen Freiheiten
fürsen gewest, mit dem Namen Goldegg, u. Erhebung desselben zu einem
adelichen Freisitz, für Paul, Thoman, Jacob u. Lienhard die edlen Goldegger,
Gebrüder, mit der Bewilligung, sich furthin von u. zu Goldegg zu nennen
(Ferd. Zeitschrift 3, 19, 158 f.), 1570 Caspar Goldeggers Erben z. von Goldegg
ist für ain viertl aines hofs zu raiten, 1480 Galdeckers Hof, 1421 Alphart
Goldecker von Goldeck als Gerhab Albrechts Wilhelms sun des Goldecker
vertauscht mit dem vesten Leo dem Brandisser von Brandis das doren gut
auf Föllan gegen dessen recht u. vogtei aus dem gut u. hofstat gelegen pey
dem pach pey des Goldeckers Turen zu Lenan u. stoset forn an die gemain
strafsen u. unten daran die sag u. haus u. hofstat da der sagmaister innen
sitzt (Forsthofermül); 1595 Paul von u. zu Goldegg zu Greifenegg, 1421 Alp-
hart Goldecker von Goldeck, 1365 Sophy von goldegg wilant Hansen wirtin
von leunburg; dom. Hainr. de goldecho erscheint als Zeuge 1296 auf Schl.
Brandies, 1281 in Meran, 1260 in Tramin; 1275 Goldeckarius wird als An-
rainer in Nals genant.   26. 1663 Pütlhuoben, 1592 Pitlhuoben (Paul von
Goldegg), 1570 die Pitlhueben ist ain ganzer hof, 1545 Hans bütelhueber z.
von der Büttelhueb, 1439 gebüttelhuob, 1266 S. (Sigmund) Gebutil (Wirtemb.
Urkb. 6, 271); mhd. *büttel*, *gebütel* heifst Gerichtsbote.   27. 1757 Gappen
od. Neumihl gleich neben dem Prackenguet über ligend, 1749 Pracken od.
Gappmül, 1660 Hans Gapp hat aus dem Prackenguet die s. g. Neumül.
28. 1757 *Prackenguot* zu O. Lanan mit Tail u. Gmain, 1749 Gapp od.
Prackenguet, 1660 u. 1566 Prackenguot.

Unsinner[29] $^1/_2$ H.   Steger[33] $\Big\}$ H.
Rabau[30] S.   Steger Weber
Gartscheid[31] S.   N Schwarzschmid[34] $\Big\{$
Dürchlguot[32] H.   N Schwarzbaur[35] $\Big\}$ $^1/_2$ H.
                                           N Schmálzler[36] S.

29. die späteren Schreibungen versteigen sich bis zu Umbständer;
1694 Vmbsin, 1570 lheronimus Goldegger z. vom Haus im Unsyn ist ain
halber hof, 1439 Cristlin im vnsinn, 1414 Fritz im unsynn, 1379 vinea sita
ob fritzen in dem vnsin, 1369 bonum dominorum de Raitenbuoch dictum
vnsin. Ob die Au Unsinnerin in N. Lanan den Namen vom Hofe hat?
1601 Paul von Goldegg z. von ainer awen genant die Vmbsinnerin, 1580
aw in Unterlananer gemain am punkten gelegen genant die unsinerin (zu
punkten vgl. Pungken W. 159, zu *unsin* Egli, Geschichte der geogr. Namen-
kunde S. 210: Unstrut, Unsinn, Ohne usw.).   30. 1592 Balthasars von
Helmsdorf u. Leonharten von Goldegg Rabauguet, 1570 Rawau ist ain viertl
ains hofs, 1519 Michel in Rabaw, 1418 Gabriel in Rabaw, 1317 Rabau in
O. Lanan AB. 2246.   31. 1663 Gartscheid, in der Gartscheid; 1592 Gat-
scheidhof, 1570 Haus in Gartscheid ist ain viertl aines hofs; 1490 Michel
gartschyder, 1439 lienhart gartscheider, 1380 praes. Sweiglino dicto Chart-
scheider plebis Lánani.   32. nun Zotti FN. 1779 Hr. Franz Ant. Zottig
besizt den Dirchlhof, hinter dem Haus den s. g. *Tiergarten* (1577 zinsen
Bartlme Pitlhuebers erben vom Tiergarttlen), 1570 Durchlerhof ist ain ganzer
hof, 1480 Dürchlhoff, 1439 dürchler z. von einer huob; 1545 Caspar dürchler,
1497 Sigmund durchler, 1369 Chunr. d. dürchler, 1333 Ulr. genant dürchler,
1267 Dürchelar.   33. 1570 Adam Stöger hat innen den Stögerhof, 1494
Hainr. steger, 1333 Kunzli vom steg, Albrecht vom steg, 1316 Geisla de
steg, 1315 in praes. Alberti de Stege in Leunano, 1305 dom. Berchtold. fil.
q. dom. Pranthohi de Leunenburch titulo feodi censualis investivit Albrechtum
fil. dom. Gisule de Stege de quadam palude que vulg. dicitur mos von vier
manne mat in loco Lanchwat.   34. 1779, 1757 Schwarzschmid; 1694 Blasi
Hell schmid hat Inen die zum Rittermillerguet gehörige schmiten.   35. 1779
Rittermiller (dabei radizierte Hand u. Hammerschmitte), 1694 Rittermiller-
guet (ohne Müle, über die Schmitten s. vorige Anm.), 1601 Ritterguot, 1570
Matheis rüttermülner hat innen den rüttermülnerhof ist ain halber hof, 1480
des Rittershoff zu obern länaw; 1494 Caspar rittermulner, warsch. 1379 in
praes. Hainr. dicti Halbritter de lánano, 1327 Chuonr. dictus Halpritter.
36. 1770 Béckenpfister, auch Schmalzler, 1694 Eberhard von Sagburg Paut
die paurecht des Narenpeckenguets zu O. Lännä ligent, 1480 *Narrenpecken-*
guot unterm stainpogen; 1381 Conr. fil. q. dom. Engellini d. Narrenpéck
vendidit dom. Anne de prandies relicte dom. Hainrici de weineck pecias
terre in loco qui dicitur chasenal, 1318 in praes. dom. Chuonr. Naerrenpeke
militis, 1306 Cunr. der Narenpech von Luvignan AB. 2194.

Lobenwein[37] } S.
Vérnermül }

Taler[10] } H.
Rimml[10] }

{ Jörglmül[83] S.
{ Aschbacherhaus
Reinerhaus[39]

Schuosterhäusl[41]
Binterhäusl[41]

Pizan[42]

37. FN. 1779 Peter Lobenwein besizt das Förner oder Pizonerhaus, dazu gehört die negst dabei stehende Metzmül; 1749 das Förnerguet besizt das hochfürstliche Stift Kempten, 1570 Vérnerguet ist ain viertl von ainem hof, 1487 Ulrichen Mair im mairhof wird vom Abt Caspar von Weingarten der mairhof zu s. Martein samt dem verenguet obnan daselbig als Zinslehen verlihen, 1369 in praes. Hainrici d. verner ab dem griez, 1356 in praes. Petri d. Verner de super. Leunano. 38. 1779 Helmsdorfer- auch Greifenmül, klaine Behausung u. Garten aus der Greifenmül; 1749 Helmbstorffer-mül mit Tail u. Gmain, geistl. Hr. Jacob Halder besizt aus diser Paurecht aine Bebausung alwo früher ain Stádele gewesen nebst Gártl, 1570 Balthasar von Helmstorf hat innen ain Haus am griefs u. Mül samt Garten, 1566 B. von Helmstorf Mül. 39. jetzt mit Adlerwirt vereiniget s. Anm. (2b) 21. 1789 Marcella Millerin Reiners Hausfrau z. vom Greifenhaus, 1757 Reiners Gerichtschreibers in Ulten Ehewirtin pawt die Helmsdorfische od. Greifische Behausung auf dem Griefs dem U. Wirtshaus anstosend; 1357 bona puerorum q. dom. Jacobi Gryffonis, 1319 praes. dom. volrico d. Greyfen de Lönnacho (A. Tisens), 1316 der Abt von Wezelsbrunn verl. dom. Uolrico d. Greif de Matry habitatori in Leunano curiam pei dem pach nuncupatam iacentem in Oberleunan, 1305 in praes. dom. Ulrici griffonis de Lounan. 40. FN. auf dem alten Huobenhof: 1779 Jos. Thaler besizt aus dem Huobenhof Feuer-behausung usw., Hr. Joh. Benedict Riml hat ebenfalls aus dem Huobenhofe Fueter u. Feuerhaus das Kramerhaus genant; 1570 Jacob Hueber hat inen den Hueberhof ist ain ganzer hof, mer das Pizanguet; 1480 die hueben am griefs; 1481 Ulrich Huober am griefs, 1418 Ulr. Swener ex Ultimis vendidit Erhardo huober in arena Weingülte aus Weingarten in staudach ze winteck, 1413 Erhard huber gesessen an dem griefs der zeit kirchpräst unser frawen ze Niderläna verl. dem Hans Runksär ab volln wise unter s. Agatha auf der panna, 1369 in praes. Ulr. d. huober an dem griefs, 1365 praes. Ulr. d. huober in arena, 1333 Ulle genant hueber. 41. 1779 Pinterhäusl negst ob die Capuciner stet auf Hueber Grund u. Boden, Schuesterhäusl negst ob gemelten Pinterhäusl ebenfals auf Hueber grund. 42. die Paurecht Pizan, deren Gemeinderecht jetzt Enderbacher innen hat s. Anm. 18, muss hier gelegen haben; villeicht ist auf deren Grund das Capucinerkloster ent-standen. Noch 1779 grenzt das Vérnerguot an das Pizonstückl; in der Reihe der Séldgüter steht Pizan immer zwischen Vérner u. Narrenpeck (Lobenwein u. Schmalzler), 1570 hat der nahe Hueber am griefs das Pizanguet innen.

Capucinerkloster 1667 N *Platzguot*[45] $1/_2$ H.
Wegschaid[43] $\big\}$ $1/_2$ H.   Pfefferlechen[46] $\big\}$ S.
H. Wegschaid   Pöderbinter[46]   S.
A. Dorf N Eggen[47] $1/_2$ H.
Lorenzen[44] S.

43. 1570 Wegschaid ist ain halber hof, 1430 Wegschaidhof, 1399 weg-
schaidhof zü länan hat geschaffen Frau Margareth die austrunkin pawt
Claus an der wegschaid (Spital an Meran); 1369 in claustro sacrarum
monialium Merani ante fenestram locutionis. Domina abbatissa claustri
Merani ordinis s. Clare Elisabeth de ratisbona, sacre moniales Ursula hasel-
riederin de Velles, Sophia de trösperch, Clara de Brixina, Alhait de schonchen-
berch, Agnes de Halt (Hall?) dicta fravöglin locauerunt iure hereditario
Ulrico dicto wegschaider de Lánano filio q. Hainr. d. lamme ab Feran
mediam curiam villicalem ze mitter lanan quam coluit q. Ch. villicus de
medio lanano, 1355 praes. Ulrico d. wegschaider de leunano.   44. 1570
Wolfgang Tallingers guet zu s. Lorenzen ist ain viertl ains hofs, 1539 das
guet zu sant Laurenzen, 1453 Andre larenzer, 1359 in praes. Ullini de s.
laurencio de Leunano, 1267 apud s. laurencium leunon, 1248 Bertoldus
burgravius sedens in iudicio loco comitis de Tirol in prato iuxta ecclesiam
s. laurencii apud lewnan (A. Dusini s. Anm. (2) 17).   45. seit 1844 Spital
u. Armenhaus, 1864 wurde das Lorenzenguot damit vereiniget; 1779 Hr.
Franz Anton von Goldegg zu Lindenburg besizt den Jung- od. Plazhof, 1694
Junkenhof am Plaz Trientnerisches Freileben, steuert aber mit der Gemain,
1592 Leonharten von Goldegg Plazguet, 1570 Iheronimus Goldegger am
plaz hat innen den Junkhof ist ain halber hof, 1536 Junckhoff zu O. Lanan,
1480 platzhoff; 1365 praes. dom. vllino fil. q. dom. Alberti de castro Mayen-
berch habitatore in loco dicto am Plaze, 1307 Elisabet Witwe des Chonzo
von Prounsperch verk. Fritzo von Mainberch Hof am Platze Oberlounan
AB. 2198, 1279 Uelricus de Brunsperg miles et uxor Gesa profitentur quod
pratum super Banowe viri unius diete videlicet aines mannes mat monasterio
ad. s. Martinum in Winegarten pro parte vinee zem phefferlehen site prope
domum nostram lapideam in super. Lounon permutavimus (A. Dusini).
46. 1779 Hr. Ferd. Leopold von Sagburg besizt das J. Pfefferlechguot,
Bartlme Gruber das A. Pfefferlechen nebst ainer Péckenpfister, 1749 Pfeffer-
lechen (Karl Andre von Sagburg), A. Pfefferlechen, 1570 Pfefferlehen ain
viertl ains hofs (Iheronimus Goldegger), Hans Pöck beim Pfefferlehen ain
viertl ains hofs; 1489 Wolfgang pfefferlechner dorfmaister der gemainschaft
zu Oberlána, 1439 lienhart pfefferlechner, 1424 Nikel pfefferlehner, 1379
bonum d. pfefferlehen in super. Lanano, 1375 Ludwig Abt von Weingarten
verl. den wingarten in dem guot gelegen daz man pfefferlehen nent Uelin
dem pfefferlehner gegen vier vrn wins Meraner mafs, 1279 praes. Uelrico
zem pfefferlehen (A. Dusini).   47. 1757 Hr. Jos. Andre von Rutter besizt
die Paurecht Eggenhof od. Eggen = 27 star lant ohne Behausung jedoch als

H. Egger, neu   Angerguot[50] S.
Ambofsegg[48] $^1/_2$ H.   Gilmann[51] S.
Mairhof[49] H.   Falger[52] S.

—

ain halber Hof u. dessen Gerechtigkeiten vorbehalten, stofst an die Baron Hausmanische Eggen, 1694 Andreen von Rutters Erben haben Jnen die Pawrecht aines halben hofs genant die Eggen hat kain Behausung aber 27 stär Land Acker wol mit Reben belegt in ain Infang u. mit ainer maur umbfangen, 1570 die Eggen ist ain halber hof; 1480 Kuonrad an der Ekgen; 1418 bonum dom. Georii de *taubenhaim*, 1394 dom. Johannes de taubenhaim alias an der egg de leunano.   48. 1749 Titl Hr. Jos. Ant. von Rutter von Amposegg, 1629 Ansiz Ampassegg, 1614 Hr. Adam Cristan von Underpassegg Pfleger der Herschaft Stain, 1570 Ampasshof ist ain halber hof, 1433 Leonhard Ampos, 1394 Chuonr. d. ampos in lánano, 1379 in praes. Ch. d. anepoz, 1375 Chunz der Anbos.   49. mit Eggen u. Angerguot vereiniget seit 1855 Convent der Deutschordenspriester. 1779 Mairhof bei s. Martin, kl. Fiefsen hat im Mairhof das Urbari Amthaus samt Zugehörd, 1592 Thoman Mair auf dem Mairhof zu O. Lana, 1570 Ulrich mayr im Mairhof, ist ain ganzer hof, 1430 der mair von sant Martein; im 15. Jh. öfter: unser mairhof ze lenow z. 5 ℔ u. 4 ℔ de kestenholz et vinea u. 30 gr. von gagerzan, non vult dare (1545 30 gr. weisat vom gagenzan, ist lang nit geben), idem 8 mutt roggen 4 mutt waitzen de agris butzagels (A. Dusini); 1394 praes. Lienhardo vilico ex curia vilicali, 1379 in domo villicali in super. lanano, 1312 in villicali curia apud s. Martinum; schon 1266 erscheint Ul. villicus de Leunon als Zeuge. 1266 resignavit Pranthoh de Lovneburc in manus dom. Her. abbatis monasterii in Winegarten curiam Buzagils quam minus iuste tenuit; dis muss der Hof sein, von dem Bischof Eberhard von Konstanz 1265 bezeugt: in privilegio dom. imperatoris contineri, quod predium illud in Levnon ipsi monasterio pertineat pleno iure (Wirtemb. Urkb. 6, 279. 186; die Urkunde K. Fridrichs I. ist ausgestellt am 23/9 1155, Wirtemb. Urkb. 2, 86). Dabei wurde das Kirchlein gebaut, das dem Patron des Klosters, dem hl. Martin geweiht wurde.   50. 1580 Angerguot hat inen Philip am anger, 1570 guet am anger ist ain Söldguet. 51. FN. 1749 *Plázlguet* mit Tail u. Gmain besizt Ursula Wernerin Gillmanische Witib, 1683 Christoph Gillmann Maler zu Länna (A. Gries), 1570 Hans Plazl hat inen ain viertl aines hofs, 1480 das haws am platz das vorm ampos ligt, villeicht 1355 praes. Hainr. calciatore am plaz de Leunano. 52. 1570 Valgerguet ist ain viertl aines hofs, 1480 das güetl zum vallger; 1481 Hans falger z. vom bitrichs od. bernharts lehen, 1439 vom büttrichlechen z. michel valger (Weingarter rodel); 1428 Kunrad falier u. Elspet sein Ehewirtin gesessen zu Oberlenan an dem plaz, 1394 praes. Chuonrado dicto valiger.

N Zurglburg[53] H.

Tischler[54]   ⎫

Wolfenhäusl[54] ⎬

Wolf[54]   ⎭ S.

Badhaus[55] S.

Stainhaus[56] S.

Sagburghaus[57]

Zágele[58] S.

Prábstguot[59] S.

Férber[60]

---

53. 1779 Hr. Jos. Bartholome von Gruber besizt ain Hof Zurglburg genant (Zurglburg ist das Geburtshaus des gelehrten u. frommen Franciscaners P. Philibert von Gruber, s. Staffler II, 758), 1694 Frau Hellena Partin von Ampasségg u. Hermetégg paut die Paurecht u. Gerechtigkeit des sogenanten Zurglhofs, hat zue ain ganz neu erpaute Behausung fast ainen mitern Palast gleichférmig usw. In den Dorfbüchern führt dises Anwesen auch heute noch den Namen *Zaglhof*: 1653 Zaglhof in O. Lana, 1670 Zaglhof ist ain ganzer Hof, 1481 Zaglhof an der Treibgassen. Dises Zagl ist nicht das mhd. *zagl*, sondern verkürzt aus Buzagl, noch 1433 verk. Jörig pitzagler an Burkart von Prandisch ain Stück Ackerfeld unter rüdiger in Tisens, 1381 in super. villa lánani in domo habitationis Erhardi d. Pitzagler, 1369 in praes. Ulini d. puzagler de sup. lánano, 1816 pratum in loco qui dicitur an der nidern puzagels, vgl. Anm. 49.   54. 1779 Tischlerhäusl od. Wolfenguot, das klaine Wolfguetl unter Zurglburg, Wolfguot; 1749 Jos. Stolz Tischler hat inen auf Wolfgrund steendes Häusl, Häusl auf Wolfgrund erpaut, Wolfguet mit Tail u. Gmain; 1570 Jheronimus Goldegger hat inen das Haus im Wolf ist ain viertl aines hofs, 1566 Wolfguet. Der Name erinnert warsch. an die Wolf von Mareit, die einst in Lanan geblüht: 1474 werden ‚Burkhart Wolfs von Mareid sel. gueter, die vormal den Taubenhaimern zuegehört‘ als Grenze des N. Akpfeifgutes erwähnt u. 1369 erscheint als Gemahl domine Elisabeth relicte dom. Hainrici de praunsperch dom. Michahel dictus wolf de Mareit. 55. 1570 das Padhaus zu O. Läna, 1566 Badguot, 1519 Lienhard Goldecker z. vom Padguot zu O. Lanan, 1477 Waltesar pader.   56. jetzt Telser; 1570 Bartlme stainhauser hat das Stainhausguet ist ain söldguet, 1481 Erhard stainhauser.   57. 1779 Frau Glazin verwittwete Sagburg besizt das Weberhäusl, 1749 Weberhäusl.   58. 1633 Zágeleguet ain Sélden, 1566 Zágeleguet; dürfte mit Buzagels zusammenhangen s. Anm. 49 u. 53. 59. 1759 Prábstlguet, 1570 Hans Tengg hat inen das Bräbstguet ist ain söldguet, 1480 präbstlein, Prebstlein u. pröstlguot, 1379 in praes. Jacobi dicti präustel. Prábst (praepositus) heifst Aufseher; das Gut, sagt die Über-liferung, habe einst in die Schweiz gehört. Vor nicht langer Zeit wurde eine alte moderige Tür mit dem bischöfl. Wappen von Cur nach Sterzing verkauft, also hätte auf dem Prabstguot der Aufseher über die Einkünfte der bischöfl. Mensa in Cur gehaust.   60. 1749 Förber, Behausung, Keller, Förb, Mang u. Infangl von $1/_2$ stär Land.

Häggele[61] S.
{ Wolauf[62] S.
{ Lotschmarch   .
Rámler[63] S.
Ortguot[64] S.
Agater[65] S.

Vetterer[66] S.
N' Erbhof[67] H.
N Traubenwirt[68] S.
Weitláner[69] S.
Walbaur[70] S.

— —

61. 1757 Haggenguet auf der Treibgass in M. Lana, 1653 Haggenguet, 1592 Thoman im Haggen, 1570 Haggenguet ist ain viertl ains hofs, 1480 Sigmund im Hakgen, 1418 wird erwähnt vinea im Haken. 62. 1592 Létschenmarktguet hat innen Bartlme Lorezer genant Wolauf, 1580 *Loschmarch* u. Wolauf gehören zusammen, 1570 Michael im Wolauf hat inen das Wolaufguet ist ain söldguet, 1566 Michael Wilhalbm Wolauf derzeit dorfmaister, 1539 Adam im Wolauf z. von seim guet im Lotschmarckh, 1519 der lostmarkt zu O. Länan, das Haus im lostmark, 1508 Hans Anich z. von dem wolauf u. von dem lostmarkt, 1408 das güetl im wolauff, 1379 vineam sitam in loco ubi dicitur *in der passeir* colit Nicolaus im lotschenmarcht, 1369 Nikelin in dem lotschmarch. 63. 1570 Rämlguet ist ain viertl aines hofs, 1519 Rämelguot zu O. Lanan, 1482 des Rämelsgüeter paut Ulr. steger von Oberlánach im Losmarck; PN. Ramilo? vgl. Ramo H. 146. 64. 1757 Ortguot in M. Lana samt Gárbgerechtigkeit, 1570 Ortguet ist ain viertl ains hofs, 1481 Hännsl am ort. 65. 1633 Mesner zu s. Agaten ain Séldguet, 1566 s. Agathen, 1539 Mesner od. kirchprobst zu s. Agatha, 1501 Cristan mesner zu s. agathen, 1470 mesner zu s. Agathen, 1306 Chunzelin Sohn des Bertold von Gagers verk. Fritzo von ·Mainberch Wise auf der Panawe bei S. Agatha AB. 2196; 1400 war die Capelle ‚de novo constructa‘ d. d. Anteil 704. 66. 1860 Vetterer am *Dorngüetl*, 1592 Prindlguet, 1570 Ursula Wolaufin hat in das Dornguet ist ain viertl ains hofs, 1539 Anna Stefan im Dorners (= Stefans im Dorn) Witib z. vom Pründlguet (1481 Pründler) zu Lanan so auch genant ist im Dorn, 1519 Dorngüetl, Stefel im doren, 1480 zum Dorn. 67. 1694 Michael Miller Paut die Paurecht des Erbhofs an der Treibgassen zu ober Lánná Ligent, 1570 Erbhof auf der Treibgassen ist ain ganzer hof, 1480 Erbhof, 1315 in praes. Berhtoldi dicti Erbe; PN. Arpo, Aribo, Arbio F. I, 120 f. 68. 1757 Wirtsbehausung genant das *Talerguot* auf der Treibgassen, 1694 Talerguet in O. Lana mit der Freiheit Wirtschaft zu halten, ist aber derzeit wegen schlechten gewerbs nit in yebung, 1653 Tal od. Hauerguet an der Treibgassen, 1570 Hans Hauer hat das Talerguet ist ain viertl aines hofs, 1536 Talerguet zu O. Lanan an der Treibgassen, 1470 taler. 69. 1866 Weitlaner am *Partengut*, 1757 Bartengüetl unterm Stainhausguet ligend, 1570 Partguet auf der Treibgassen ist ain viertl ains hofs. 70. 1749 Walguet mit Tail u. Gmain, 1592 Valtin am wal, 1570 Jac. Kaserer hat das Walgüetl ist ain viertl aines hofs, 1430 der walhaus? Warsch. ist dis das verschollene *Greimoldguot*: 1418 Martin Zoch verk. dem

N Zochen[71] $^1/_2$ H.

Winkler[72] $^1/_2$ H.

Kötterle[73]

Feuchter[74] S.

Ross-stall[75] S.

N Schaller[76] S.

Ofenhaus

N Látscher[77] S.

.Glöggl[78] H.

Huisenguot[79] S.

Káserbacher[80]
Leis[80] $\Big\}$ H.

Ulrich pühler von Lánan Weingülte ex bono Greimoltsguot, coherent alia pars dicti boni quod pertinet ad fratrem venditoris Johannem zoch, superius vinea im Haken dicta, bonum q. dom. Hilprandi de passyra, communis aquale, com. via; 1341 Bischof Nicolaus von Trient belehnt Hrn. Brandhoch von prandiez mit ‚domus que vocatur zem Greymol in Leunano superiori‘. 71. jetzt Malajer FN. 1570 Balthasar von Helmsdorf hat den Zochen ist ain halber hof, 1481 Zochenguot zu Oberlánach, 1430 Nikel zok; 1418, 1341 s. vorige Anm. 72. 1749 *Anich* od. Winklhof, 1649 das Winkl od. Anichguet negst unter der Treibgassen in O. Lanen, 1570 Anichguet ist ain halber hof, 1481 Hans anich in dem winkel, 1369 Minigo dictus winchler de superiori lanano, 1316 in praes. Ulrici d. anche, anche de angulo; 1333 erscheinen Ulrich Aniche u. Albrecht im winkl. 73. 1789 Jos. Gasser Strodecker z. vom Kotterhäusl (vgl. S. 27 Anm. 13), 1779 Kottergüetl. 74. 1749 Feichterguet, 1539 Veichtgüetl so man vor altens das walhaus im Winkl gehaifsen, 1480 das guet zu der feuchten. 75. 1749 Rossstall mit Tail u. Gmain, 1570 im Rossstall ist ain viertl ains hofs, 1519 Rosstalgüetl im winkl, warsch. 1480 zum Kuntzer im Stall da der Thömel wachauff aufsitzt; 1273 dom. Concelin. fil. q. dom. Sweikeri de prounsperch iure venditionis investivit dom. Hilprandum de Brandiez de pecia terre cum domo et orto iacente ad winchel quam Uollinus rosselere ab eo ad feudum habebat. 76. 1591 Schallerguet im Winkel, 1570 das Schallerguet zum *Matheuen* ist ain söldguet, 1536 Mathuyenguet zu O. Lanen, 1470 Mathew, 1369 in praes. Hainzonis d. Matheis de plebe lánano? 77. 1570 der Latscher ist ain viertl aines hofs, 1470 latscherguot. 78. FN. 1749 Danielhof besizt Maria Elis. geborne u. verwittibte Glégglin, 1592 Danielhof (Hr. Christof Kripp zu Freidenegg anstatt seiner Hausfrau Walburg von Helmsdorf), 1570 Tanielhof ist ain ganzer hof, 1480 Tonielhof. 79. 1749 Huisenguet mit Tail u. Gmain, 1592 Hoislgüetl, 1570 Heusengüetl ist ain viertl ains hofs. vgl. Anm. 76. 80. 1789 Leisenhof; schon 1757 war der *Treibgasshof* gewaltig zerstückelt, der Hauptteil wurde in zwei Hälften gebaut, von denen die eine Johannes Kaserbacher besafs, das Gemeinderecht blib beim Leis; der Name Kaserbacher stammt aus Ulten, Leis warsch. aus Nals. 1592 den Treibgasshof hat inen Blasi Treibgasser in ainem Infang auf der Treibgassen, 1570 Caspar Treibgasser hat inen den Treibgasshof ist ain ganzer hof, 1430 Treitgasshof; 1479 Sigmund dritgasser, 1369 dom. Alhaid fil. q. Toldonis ab treibgazze de lánano contulit iure hered. Hainzoni d. springekker et dom.

Zagler[81] S. Kelz[85] H.

Guggermül[82] S. Huobner[86] H.

N Krogner[83] ½ H. Jöchl[87] S.

Linser[84] H.

——— ·· —

Diemuodi fil. q. domine Diemuodis dicte Ribnerinne ab dem hohen quadrat bonum in dem vorchach in iudicatu Ultimis in plebe lánan, 1365 praes. Hertlino an der treipgazzen, 1357 Laurencius de Leunano fil. Johannis tritgazzer locavit titulo iuris hered. Ulino d. fri et domine Hylte agrum Champe (od. Chanype?) nuncupatum situm plebis Merninge iuxta castrum Stayn, 1333 Hainrich genant treigasser. 81. FN. kann von Buzagels (s. Anm. 53), aber auch vom Zaglguot in der Gegend (jetzt Bacher) abstammen. 1749 *Stainpogen* mit Tail u. Gmain (Jakob Zagler Barbierer u. Wundarzt), 1757 besizt Hr. Ant. Zagler Wundarzt u. Barbier 10 stär Land aus dem Treibgasshof an seine, Zaglers, aigne Stainbogen-Behausung stofsend, 1592 Haus am stainpogen, 1570 Jacob Lobenweins Behausung ist ain viertl ains hofs. Stainbogen bedeutet unterwölbte, kleinere Brücke. 82. 1757 Guggerle Müller, Schenmül u. Stampf unter S. Peter mit Tail u. Gmain, 1749 Schennmihl, 1570 die Schenmül unter S. Peter ist ain söldguet. 83. 1694 Paurecht das krogenguet genannt, 1570 Krogen ist ain halber hof (Georg von Helmsdorf), 1536 Krogenguot in O. Lanan, 1448 Jakob Krog Kirchprobst, 1394 Chuonr. d. Chrog de leunano, 1328 Ulr. d. keroge fil. q. waltheri de Surmiano de plebatu Tysens promisit solvere dom. Swikero de prandies omni anno in vindemia 9 urnas vini sive musti de mensura consueta in launano et unam aucam in festo s. Martini et duas hospitalitates que dicuntur stellunge. 84. FN. 1663 Baltasar Linser zinst vom guet vorm Thor bei S. Peter, 1592 *Hof vorm tor*, 1570 Erbhof vorm tor ist ain ganzer hof, 1536 Hans Erb vorm tor, 1480 kristel vor dem tor, 1439 Cuontz vorm tor z. von siner huob vorm tor (Weingarter rodel). 85. 1592 Kelzenhof so die Hrn. von Rottenpuech innen haben, Theniglhof der Hrn. von Rottenpuech, 1574 Hans Kellfs zu Läna, 1570 Thanighof ist ain ganzer hof, 1552 Sebast. Kelz, 1482 Philipp aus dem Thönighof, 1414 Lenz tönig, 1384 Wendelin am Geren vendidit Chuonrado Tönie in ponte de lánano (1566 Tenighof am stainpogen) augeam in Egelsee, 1379 bonum dominor. de Raitenpuoch colit antonius. 86. 1749 Baron Federspil besizt die Hueben, 1592 Thoman Hueber, 1570 Hans Goldeggers Haus an der Hueben ist ain ganzer hof; 1379 Hr. Laurenz von Werenberch verk. dem Ulrich goldschmid Gülte ex bono *Nonerguot* unter der treibgazze in medio lánano, cui coheret a super latere bonum dominor. de Raitenpuoch (Kelz), 1357 praes. Ulino d. Noner, in praes. Hainr. filii Hainr. noner, 1266 dom. Concius noaner (ABr.), vgl. Anm. (3) 7. 87. 1749 Jöchlguet mit Tail u. Gmain in M. Lana, 1592 Jéchlguet, 1570 Hans Gschwän hot inen das Jöchlguet ist ain viertl ains hofs, 1539 Jöchlguot.

Gschwán[66] $^{1}/_{2}$ H.   *St* Zérnláb[2] H.

Eikạter[69] S.   *St* Haug[3] S.

4. **Niderlánan**[1]   *St* Widenhäusl[4] S.

  a. **Niderlánan**   *St* Pláten[5] S.

88. 1663 Tschwanen od. Teuflsguet, 1592 Caspar von Goldegg besizt Schépfleins hueben unter S. Peterskirchen so das Tschwännenguet genant wird, 1570 Hans Gschwän hat inen das Gschwänenguet so ain halber hof ist, 1545 Magdalena gschwein z. vom toufelguot, 1501 Andre Tschwänn dorfmaister in Oberlāna, 1439 ze mittenlenow dat schwen modo paul (1449 paul schwen) 5 ℔ berner de bono gunsel (Weingarter rodel), 1430 der Swen geit von *günzlguot*, 1394 strenuus miles Hiltprand. ex passira ad hered. ius contulit Johanni tschwan bonum d. Gunzelguot in super. Leonano (1384 in praes. Joh. dicti Tschwän), 1285 ze Oberleunan von der Swaenine (PN. Swano H. 208); warsch. ist diser Hof gemeint, wenn es heifst 1266 curiam super Mittirleunon Bertoldus Tarant ab abbate in Wingarton recepit pro censu s. Anm. 10.   89. 1779 beim Eikarter — eine merkwürdige Umbildung: 1749 Neidhart mit Tail u. Gmain, 1570 Neythardt ist ain viertl aines hofs, 1566 Neidhartgüetl; PN. Nîthart. Der bekannteste Träger dises Namens dürfte Nîthart von Riuwental sein, der im 13. Jh. am österreichischen Hofe seine frischen Lieder dichtete.

(4) 1. 1357 ze nider Lavnan, 1320 in vico sive platea ville Niderlaevnan, 1281 in praes. Marquardi presbyteri de niderlonan, 1242 in villa inferioris leunani, 1239 in villa de inferiori Leunano, 1234 unter Lugagnan vgl. S. 106.

Die Markgenossenschaft muss uralt sein, schon 1242 erscheint Conrad *dorfmagister*, u. zur Wise, die er Pranthoch de brandicio verpfändet, wird als Grenze *palus communitatis* angegeben, 1239 Cuançus dorfmagister fil. q. prepositi Gotfridi et sui fratres Dietricus et Egeno. Soweit man sie zurück verfolgen kann, besteht die Markgenossenschaft aus 51 ungleich grofsen Anwesen (Höfen, halben Höfen u. Sélden), die aber alle wie in M. Lanan gleiche Anteil- u. Stimmrechte haben (vgl. Anton Graf Brandis, Ferd. Zeitschrift 3, 18, 168). Über die gerichtliche Zugehörigkeit s. Anm. (3) 1.

2. Imperative Bildung Zehr den Laib wie Hebenstreit, Schwingshackl, Treibenreif vgl. S. 32 Anm. 10; 1592 Zörnlaibhof, 1539 Zernlaib, 1494 Andre zerenlaib pawmaister der Pfarrkirche, 1414 Jacob zerrenlaib.   3. 1694 die Hrn. von Tegernsee pauen die Paurecht beim Haugen, Danner u. Ortguet zu N. Lana, 1570 Haugenguet ain viertl ains hofs, 1519 Hainrich Haug, 1507 Conrad Haug paumaister der Pfarrkirche, 1480 Stainhausguet bei dem Widem pawt Cunz Hawg, 1391 Albert im *stainhaus;* Haug = Hugo. 4. 1579 Widenhäuslselde, 1480 häuslein pey dem wydem. 5. 1579 Plátenselde, 1501 Caspar plátt, 1493 Nickel plát, 1430 der plát von dem pláttenguot, 1418 Michahel d. plät de M. länan vendidit Fridrico dürchler de länan augeam sub s. Ulrico in loco im egelsee ze N. länan, 1394 ager cuiusdam

St Mairfeirl[6] H. *St* Treibgasser[9] $^1/_2$ H.

St Prántl[7] $^1/_2$ H. *St* $\left. \begin{array}{l} \text{O. Nidermair}^{10} \\ \text{U. Nidermair} \end{array} \right\}$ H.

St Pfarrhof[8]

dicti platte; auffallend ist das offene *á*. Warsch. ist plat der 2. Teil von
Tablat, 1262 erscheint dom. Warnerus de tablat als Anrainer in M. Lanan,
1281 dom. Isauda uxor q. dom. Warneri de tablato u. 1320 dom. Wernher
de tablato. 6. 1539 Mairfeirlhof, 1508 Oswald Mayrfeyrel, 1480 der
Mairfeirl, 1414 mayrfeyrle; warsch. 1398 Ulreich der obermayr ze M. Leunan,
1333 Conrad mair von M. Lanan, 1301 in praes. Chuonradi villici de mitteren-
leunan, 1262 Rodegerius de miterleunan et nepos suus salinus vend. dom.
Hilprando de brandicio mansum iacentem ad miterleonan, quem mansum in
feudum habent ab imperio, 1242 dom. ruadgerius de medio leunano iure
venditionis investivit dom. Prantochum de brandicio de quadam pecia
pradiva que iacet in pertinentiis leunani sup. et dicitur kamerwisen.
7. 1579 Prantl ist ain halber hof, 1508, 1470 Prantl zu N. Lanan, 1443
prántl bei dem widm, 1321 in praes. praendelini de Leunano (A. Tisens);
PN. Brandila H. 106. 8. früher Deutschhaus; erst als Deutschordens-
priester als Pfarrverweser ernannt wurden, seit 1439, übersidelten dise aus
dem alten Widen nahe der Pfarrkirche (jetzt Mesenhaus) in das ferner ge-
legene Deutschordenshaus (s. Anton Graf Brandis, Ferd. Zeitschrift 3, 31,
S. 39 u. 44), die S. Annencapelle wurde 1454—55 gebaut (d. d. Anteil 702).
1318 praes. dom. Sibotone plebano in Leunano, 1239 in praes. dom. Berhtoldi
plebani de leunano. 9. FN. 1779 Andre Treibgasser besizt $^1/_2$ N. Mair-
hof mer das *Máderle*, 1749 Maderleguet m. T. u. Gm. in N. Lanan, 1579
Maderle ain halber hof, 1566 N. Mair z. vom Maderleguet; 1508 Cristan
Maderlin, 1453 Lienhart Mäderl; Koseform zum PN. Mathere F. I, 919?
10. 1579 Nidermairhof, 1533 Hans Nidermair zu U. Lena paumaister der
Pfarrkirche, 1480 mül die in den Nidermairhof gehört gen Niderlanaw (dazu
warsch. 1453 Hans mullner, 1333 Ulrich auf der mulin, 1301 in praes. Ulini
a molendino), 1418 Hainr. inferior villicus de mitterlänen tamquam tutor
puerorum Balth. Tämer de Marninga vendidit Jacobo krog de länano pratum
Tämer egerde dictum apud hohen weg in campis super. länani. Warsch.
ist diser Hof ,mansus in Niderlounan et vocatur maierhof ante fontem' (der
einzige alte Ziehbrunnen befindet sich im Widen), den 1298 die Söhne Hil-
prands von Brandis ihrer Mutter Alheit von Liechtenberg zur Versicherung
ihrer Morgengabe anweisen, dann wäre auch die Heimat der Hrn. von Brunnen
hier zu suchen: 1355 dom. Hainr. de fonte de Leunan vendidit Randold. de
brandiez affictus ex curia zem puhel super feran, 1324 Chuoncelin fil. dom.
Nicolai de prandiez bezeugt, dass er im Namen seiner vaterseitigen Schwester
Alhayd, der Tochter des Nicolaus u. der Petrissa, que fuit olim uxor dom.
Hainrici de fonte in Leunan, von seinem mutterseitigem Bruder Hrn. Hainr.
de fonte 30 Mark als Vermächtnis Petrissas für ihre Tochter erhalten habe,
1325 praes. Chuoncelin sub fonte, 1320 Chuenzelin de fonte fil. Dieterici de
fonte, Abraham fil. q. Chuenradi de fonte do Niderleunan, 1302 Chuoncelin
dictus prunner de Leunan. 11

Mésner[32] S.   Kinderle[36] S.

Kerzenmacher[33] S.   Schwárzl[37] $1/2$ B.

Hasenwirt[34] S.   St Lárchguot[38] $1/2$ H.

Zuweg[35]   Pállguot[89] $1/2$ H.

von Trient die durch ihn bewilligte Einverleibung ,dotis sive decimarum
redditus cappelle s. Georii apud Lonan' in das Kl. Weingarten (Wirtemb.
Urkb. 6, 236). 32. 1581 Mösenhaus Sélde, 1536 Mesenhaus, 1519 Plásig
mesner z. von dem Zieglhaus mit samt den Stuckern die er dazu hat, 1494
Zieglhaus ob der Pfarrkirch zu N. Lanan, s. Anm. 8. 33. 1579 Kerzen-
macher Sélde, 1528 Hainrich kerzenmacher in N. L. 1519 die kerzlerin
zinst von dem kerzenstand, 1463 Cunz kerzenmacher; villeicht 1357 in domo
Gotschlini iuxta cimiterium, 1353 Gotschlinus iuxta ecclesiam vgl. f. Anm.
34. 1694 Wirtsbehausung am Hasen, 1577 Caspar Hafs Wirt zu N. L. 1579
Wirtshaus an der gassen Sélde, 1511 Cunz Wirt zu N. L. 1470 wirtshaus
sélde, 1391 die Kinder Alberts in dem tal verk. Haus u. Hofstatt zu ,Nider-
leunan an der gazz vor unser frawen chirch u. ainen anger der steger anger'
Hrn. Randlein von prandiez, 1377 praes. Gotschlino caupone de N. L.
warsch. 1239 Uolr. nepos de L. iure hered. feodi investivit Berhtoldum
affarium et Cuancium Cuncurellum de quadam domo cum pomerio in villa
de infer. Leunano sub platea et duobus pratis, unum iacet in shahoun in
hora de weidach, aliud iacet in shahoun (s. Anm. 54) ubi quondam vetus
pons erat. 35. FN. 1779 Jacob Zuweg besizt aine Schmitten mit Garten.
36. 1779 Joh. Matscher besizt das Kinderleguot, 1579 Kinderleguet Sélde,
1536 Kinderleguet. 37. 1598 Schwárzlguet zu Plateid in N. L. ain halber
hof, 1579 Plateiderin zum Schwarzlguet, 1536 Schwarzguet, 1528 Hans Platt-
eider in N. L. 1516 Hans Schwárzl, 1511 Hans Platteier, 1489 Peter plat-
eider kirchprast, 1463 Schwarzlguot, 1434 Jacob Swertzl, 1381 praes. Chuon-
rado dicto Swerzle. Plateid ist Flurname, gleichbedeutend mit dem vil
älteren *plattelade* (s. Anm. (3) 1): 1320 agri in loco d. ze plattelade, coheret
mons quidam plattelade nuncupatus (Schwarzwand?), 1647 hiefs die Flur
Praitlag u. gegenwärtig Praitlad. 38. das Anwesen wurde von der Mark-
genossenschaft angekauft u. die Güter zerstückelt, das Haus heifst Ferdinand
Miller Haus: 1779 Hr. Ferdinand v. Miller besizt das Larchguot; 1579 zum
Lärcher ain halber hof; 1535 Sebast. Lärcher von N. L. 1508 Sigmund
Lärcher, 1331, 1305 Hilprand lercher, 1301 in villa de Lennan ante domum
habitationis domine Alhaidis lercherinne. 39. 1653 Paul Lenzer od.
Pállguet, 1536, 1470 Pálguot; Páll = Paul: 1598 Felix Ladurner z. vom Puul
Lannzerguet ist ain halber hof, 1435 Lenzerhof, 1357 Wernher Abt von
Wetzelsbrunn verk. Hrn. Randold von Brandis Weinzins aus dem Hof ,ge-
haizzen Lentzhof ze nider Lavnan', 1318 Ulrich Abt zu Wetzelsbrunne verl.
,dom. Sweikero de castro Prandiez curiam nostram Lentzers Hof sita (!) in
Niderleunan apud dotem ecclesie barochialis ibidem' zu Lehen; PN. Lanzo
F. I, 831.

Geadler ⎱
Gössl [40] ⎰ H.
Schrentewein [41] S.
Neuhaus [42]

Alt Brandis [43]
Mairhaus
Brandis Keller [44]

40. 1694 Hr. Eberhard von Sagburg hat innen die Paurecht des Sedl-
hofs zu N. L. zinst den Hrn. von Annenberg (1694 wird auch die Anne-
bergische Torggl zu N. L. erwähnt, wohin die Grundzinse zu lifern sind,
1779 besizt Franz Josef Graf von Hendl u. 1866 Gössl den alten Anne-
bergischen Thurn samt darin sich befindender Torggl), 1598 Barbara Gösslin
geb. von Holmstorff steuert vom Leupold od. Mairhof, 1595 Leonhard Gössl,
1579 Freidank Gössl hat zwo Feuerstett, 1536 Leopoldhof, 1519 Stoffl Leu-
pold zu U. L. 1494 Lewpold am mairhof, 1470 Leopoldhof, 1359 iuxta
ecclesiam in domo Laurencii im sedelhof, praes. Laurencio auzzem Sedelhof
de Leunano. 41. 1779 Pächlguot (am Brandis Bach), 1749 Schrentewein-
güetl mit ainer alten zum Tail eingefallenen Behausung m. T. u. Gm. zu
N. L. Warsch. Ausbruch aus dem Sedlhof, da die Flur Puebenprunn 1694
noch zu letzterem gehört. 42. bis 1640 Amthaus zu Schl. Lananburg;
1694 Frau Hausmannin zu Stéten hat innen ain Guet auf Neuhaus genant,
weilen es ain Adelssiz, wirdet es vermuetlich in die adlich Bereitung zu
ziechen sein, 1528 Leonhard Liechteisen Amtman des Junkers Veit von
Andrian auf Neuhaus in N. L. 1523, 1519 Kuenz zu Neuhaus. 43. im
Volksmunde Brandeis. Noch 1779 Schloss u. Feste Brandis, dabei das Mair-
haus, seitdem Ruine. Das Schloss Brandis, der Stammsitz eines der hervor-
ragendsten u. verdientesten Adelsgeschlechter des Landes (bis 1573 Herrn,
bis 1654 Freiherrn, dann Grafen von Brandis), wurde 1236 an den Turm
angebaut, den die Ahnen mit der Feste Lananburg im 12. Jh. von den Grafen
Pflaumb zuerst als Lehen erhalten, dann als freieigen abgelöst hatten, s.
Ant. Graf Brandis, Ferd. Zeitschr. 3, 18, 164 u. 3, 31, 8. Die älteste Form
erscheint in folgenden Urkunden: 1236 fratres Conr. Hainr. et Bertold. filii
q. dom. Hilprandi de levneburch investiverunt dom. Prantochum fratrem de
castro illo Brandicio subtus castrum levneburch (AT. II, 47 ist also 1206 in
1236 zu ändern), 1242 dom. Ruadgerius de medio leunano iure venditionis
investivit dom. Prantochum de brandicio de quadam pecia terre pradive que
iacet in pertinenciis leunani super. que dicitur Camerwisen; im 14. Jh.
schreibt man Prandiez, prandizz, allmählich dann Brandifs, Brandis.
44. uralt: 1490 Burkartskeller, 1381 subtus castrum Prandiez ante canipam
ubi dicitur in antro, 1332 ubi via se curvat et vertit ad canipam in dem
loche, 1319 ,Berhtold. de prandiez vendidit ex curia sua in Nalles aput
capellam s. vigilii in qua nunc residet et moratur' an Sweighart von Brandis
eine Fuhre Wein, dise ist zu lifern nach Brandis od. ad canipam emptoris
in dem loche sub castro; 1381 u. 1398 erscheint Nickel im loch als Zeuge.

f Neu Brandis[45]　　　　　　Schöberle[49] S.

{ *Runstguot*[46] ¹/₂ H.　　　Stauder[50] ¹/₂ H.

Brandismül[47]　　　　　　Rauch[51] S.

Gaul[48] S.　　　　　　　　Schmidguot[52] S.

45. erst 1808—1810 auf dem zu Brandis gehörigen Runstguot neu erbaut, der Weingarten heifst noch gegenwärtig Runst. 46. 1694 Runstguet d. i. 18 star lant u. 1 Tagm. Anewant, darauf ain altes Gemäuer ainer abkommenen Behausung stet, mit Kestenholz darober u. Tail u. Gmain, 1581 Runst ain halber hof, 1536 Rungstguot unter dem Schl. Brandis, 1508 Rungsthner, Rungschner; 1394 Chuonr. d. Rungkser de infcr. leonano, 1235 dom. Branthochus fil. ylteprandi de leunano emit peciam cum canipa et vineis iacentem in pertinenciis de lugugnani ubi dicitur ronkes; über Runks vgl. S. 86 Anm. 1. 47. 1779 Mülbehausung am Schlossberg. Weiterhinein stand früher auch eine Schmitte: 1757 Hammerschmitten in der Gaul unter respective hinter Brandis Schloss, die 1779 noch vom Schmid Zuweg benutzt wurde, vgl. Anm. 35. 48. 1694 Pauhaus in der Gaul samt zuehabenden Tail u. Gmain, 1552 Junker Christof von Br. z. vom guet in der Gaul unter Brandis, 1331 Gaulguot, 1320 dom. Berchtold. de launenburch vendidit dom. Swikero de prandiez advocaciam curie monasterii in Tegernsee site in Niderleunan, supra qua olim morabatur seu residebat Chuonr. d. Ilekch et vocatur ipsa curia in der gaule, 1285 der Hof in der Gvl, 1235 in praes. concii de goulo. Wie in ⊕. Lanan die Schlucht, aus der die Valschauer ins Freie hervorbricht, so heifst auch hier die Stelle, wo der Brandisbach die Enge verläfst, die Gaul; lat. *gula* s. Sn. 82, Uf. 46. 49. 1598 Gaul u. Schöberleguet zwo Sélden, 1535 verk. Lienhart Schöberl die Paurecht des Schöberlguets unter den Vesten Br. an Christoffen von Br. zu Leonburg, 1470 schöberl, 1431 ,Ottlinus piscator fil. q. dom. Hilprandi de Lanenburg' verk. Purkharten Brandeser Haus u. Hofstatt zu. N. L. coheret domus monast. de Tegernsee. 50. 1579 Stauder ain halber hof, 1373 ,Hainr. stauder fil. antiqui stauderii de lenawnano' sichert die Morgengabe seiner Frau, 1318 Hainr. stauder, 1306 Aincius Stauder von Luvignano verk. Fritzo von Maienberg Egerde in der Panawe in M. L. (AB. 2195), 1281 in praes. Hencii staudarii. 51. FN. 1694 Ultmerguet m. T. u. Gm. 1634 Ant. Rauch am Ultmerguet, 1579 Ultnerguet Sélde, 1519 u. 1470 der Ultner haus. 52. 1595 Balth. von Helmstorf verk. als Gewalthaber seines Vetters Hans Georg von u. zu Helmstorf, in kais. Kriegsdiensten abwesend in Ungarn im Tyroler Regiment, an Jacob Andre von Brandis ain abgangene Behausung samt ain Jauch Acker das Schmidguet zu N. L. 1577 Burkharts von Helmstorf Erben z. vom Schmidhaus zu U. L. beim Stauderguet ligend, 1536 Schmidguot zu N. L. 1453 Ulreich smid zu N. L. 1359 erscheinen in diser Gegend als Besitzer: Hainr. fil. Salmani (1363 Hainr. Salman de N. L.), Hainr. ackpfeiffer (1414 Hainr. der altpfeifer) u. (bona que colit) Chuonr. d. voyer (1369 der alte voyer de infcr. lánano), warsch. statt Schmidguot, Rauch u. Schöberle.

Gr Kestenholz[53] H.   *St* Kappler[54] H.

53. auch *Langasam* u. *Holerhof*: 1749 Langasamb negst ob dem
Kapplhof besizt Baron Priami, 1592 U. Holer od. Stainman wirdet auch
Lang Asam Hof genant, 1536 U. Holerhof den man auch Langasümhof nent
(der PN. Asam kommt in älteren Zeiten nicht selten vor, so ist z. B. Asam
von Thunn 1423 bei der Übergabe des Schlosses Schennan durch die tapfere
Ursula von Starkenberg, d. d. Anteil 418); 1384 Ulrich der Holar u. Diemuot
sein eleiche wirtin verk. frawen kathrein der prandizzerin Hrn. Randolds
sel. wirtin weingarten der haifst auf der lennä (Lán), 1332 bona dom.
Volkmari de purchstal (deshålb gehörte der Hof zur ‚Jurisdiction Greifen-
stain‘, vgl. S. 81) que colit Ullinus d. holer, 1281 Hainr. holar kauft Wise
‚ime sache‘, 1250 Swiker de leunan d. holar; villeicht PN. Huldear, Holdo
H. 148.   54. 1579 Kappl ain ganzer hof; 1535 Hans Kappeller von N. L.
1391 des kappellers guot, 1357 praes. Salmanno de katzenstain et Hainrico
d. Capler de leunano fratre suo.   Der Name stammt von der nun entweihten
u. zu einem Häuschen umgestalteten Capelle (mhd. *kappel, kappelle*) des hl.
Ulrich: 1285 ein Hof in Niderlewnan nahen bei der Chappel.

Die Fluren nach Osten u. Süden tragen gröfstenteils deutsche Namen,
doch finden sich auch ältere. 1694: Ackerfeld unter der Pfarrkirchen auf
Egart, Weinbau zu Auen (1474 wisen zu auen in N. L.), Stimblau auf
Praitsant, Moswisen auf der untern Lagreid; auf der Länn neben Brandis-
bach (1591 Weingarten die Lán, 1383 weingarten der haifst auf der lennä),
Weinbau neben der Wolfsgrueben am Brandisbach, Acker u. Weinbau der
Gissibl unter S. Ulrichen Kirchen, Moswisen zwischen obern u. untern Sack
(1359 prata sita in sacco unum in Reutermos aliud in medietate sacci. 1281
pratum ime sache); Kaltsteg, Kierast, Puebenprunn, Riglstang, Spieglweg
(1359 augea in loco d. am spiegel). An u. im grofsen Mos (1332 palus
communis, 1242 palus communitatis) finde ich: 1359 pratum ze Ennan et
augea (1332 pecia ze Ennan), 1601 Paul von Goldegg z. von ainer awen
genant die Vmbsynnerin (1580 Au in U. Lanener gemain am punkten ge-
legen genant die unsinerin, s. Anm. (3) 29), 1305 palus que vulgariter dicitur
mos in loco Lanchwat, 1359 pratum am egelsee (1332 augea rossawe sita
apud lacum sanguisugarum, teutonice egelsee), 1332 augea in loco d. daz
dem alten rore ex opposito loci d. akfeif. Noch tiefer hinab, bei Gargazon,
ligen die Tschahaunwisen, welche jetzt die Etsch durchschneidet; 1239
pratum in sahaun in hora de weidach, aliud pratum in sahaun ubi vetus
pons erat, vgl. Anm. 34 shahoun. Der Gargazoner Brücke gegenüber ligt
endlich an den steilen Abhängen des Tisener Berges der Wald Pitschol,
dessen Verleihung an Tristram von Leunan im Cod. Wang. 401 1271 an-
gesetzt ist; im ABr. findet sich folgende Urkunde: 1485 dom. Gothardus
prandissar de lewenberg plebis Algund curiens. diöcesis tenens in suis manibus
literas feudi a dom. Egenone emanatas quarum tenor talis est: 1272 in
Bozano in palatio episcopatus. Dominus E dei gratia episc. trident. investivit
dom. Tristramum fil. q. dom. Tristrami de leunan de uno busco communitatis

b. Altpfeif[55]   *Müllergüetl*[57]
Uolemos[56] S.   Niderhof[58] S.

de leunan et Tiseni iacente in pyzol, coherent ei a super. parte Acheueine
(*n* verschr. statt *u*) ab infer. parte degeuingen (undeutlich) et ab uno latere
flumen atizis ibidem currit. 1492 fällt eine interessante Gerichtsverhandlung zwischen den Brandissern
u. der gemaind Niderlanach, Tisens u. Allrawn von wegen der Auen u. Holz
in Pytschol unter Lanach. Leo von Brandis verlist einen lat. Lehenbrief
von Bischof Egen in Trient von 1272. Der Bischof habe Tristram von
Lanach die Pitschol zu Lehen gegeben, später habe sie Bischof Johannes
dem Gotthard Brandis zu einem völligen Lehen verlihen. Sie (die Brandisser)
seien aber geirrt u. gehindert worden von Niderlanach u. den Mithabern.
Minig Nidermair dorfmaister zu Unterlanach u. Wolfgang mair ob Tisens
als gewaltiger Procurator der ganzen gemaind auf Tisens u. Allrawn ver-
langen die Vergleichung des lat. Briefes. Es fehlt der Name des Bischofs
u. steht nur ein E (s. oben). Übrigens habe der Bischof nur sovil verlihen
als er verleihen konnte, Pitschol sei aber landesfürstl. Eigentum, u. sie hätten
immer den Genuss gehabt, dafür weisen sie auch Kundschaft Briefe vor,
ausgangen durch Hans Rungster Kellner zu Tirol u. Richter zu Burgstall.
In seiner Entgegnung erwähnt Leo von Brandis, die Grenzen hätten sich
freilich verändert, so sei ja die Etsch gangen, wo jetzt der Krebsbach sei.
Der verordnete Richter Niclas von Fyrmian Hauptmann an der Etsch u.
Burggraf zu Tirol u. seine Beisitzer finden, dass die Pitschol landesfürstl.
Eigentum u. der Niderlanacher u. irer Mithaber gemain sei (die Urk. ligt
beim Berger in Tisens).

55. so im Volksmunde (vorübergehend schon 1414 Hainr. der alt-
pfeifer), geschrieben wird durchweg Akpfeif; 1332 Akfeif, 1327 Akefeive, 1272
Acheueine (*n* statt *u* verschriben, auch font. rer. austr. 5, 401 muss es wol
statt Atheveyne Acheueyue heifsen). lat. *aqua viva* Sn. 28, Uf. 12. Jetzt
treten die Quellen erst am Fufse des Berges zu Tage, früher muss ein starker
Born vil höher entsprungen sein, vgl. Anm. 57 u. 59.   56. 1779 Vellemos
(V = U). 1591 Mosgüetl Sél, 1536 guot im mos, 1470 Vol (= Ulrich) im mos,
1437 Felix ratgeb von Latsch aus dem Vinschgä verk. Leo u. Burkharten
Brandis Gülte aus Berg u. Wisen zu Niderlenan pawt der vtz zu N. L.
1434 Ulrich vetz.   57. ist ganz verschollen, nur einen alten Mülstein fand
man unter Goldbüchl; 1779 Mülgüetl, 1694 Hr. von Sagburg besizt das
Müllergüetl zu Akpfeif Häusl usw. aber keine Müle mer, 1663 Hrn. Joh.
Karl von Sagburg jüngst erkauftes Müllergüetl, 1598 Gall Winterholer
Mülner z. von seim güetl zu U. Akpfeif.   58. 1694 Niderhofguet, 1598
Niderhof zu U. Akpfeif, 1579 Niderhof Sélde, 1474 Lienhart Sürchackher
zu Ackpfeif verk. Hrn. Gotthartten Brandesser von Leonburg das guot zu
N. Akpfeif ist gehaifsen Niderakpfeiff.

Bachgüetl[59]
Goldbüchl[60]
——
Gschlafer[61]
Gruober[62] ¹/₂ H.
Kellergüetl[63] S.

Oberer[64] ¹/₂ H.
Schuograben[65]
Finsterbüchl[66]
{Schl. Lánanburg[67]
{Hof vorm Tor H.

---

59. 1779 Pachgüetl, 1694 Pachguet hat weder Tail noch Gmain, 1598 Guet genant am pach zu U. Akpfeif, 1532 Baumgartgüetl später genant Pachgüetl. Bach gibt es keinen mer, s. Anm. 55. 60. 1779 Goldbüchl- guot, 1694 haben die Grafen Brandis den Nudler Weingarten mit neu er- pauten Häusl u. Stadele u. den hintern Goldpichl, 1663 kauft Hr. Andre Rutter Amtmann auf Brandis namens des Grafen Adam Wilhelm den vordern u. hintern Goldbüchl, 1598 der halbe Goldbichl, Junker Paul von Goldegg z. vom hintern Goldbüchl. Erst allmählich zu einem Anwesen erwachsen. 61. 1779 Gschlaferguot, aber noch 1757 Gschlafferweingarten samt ain halber Torglgerechtigkeit so aber zerfallen, 1694 Acker der Gschlafer 24 Mangraben, 1320 Hr. Berchtold von Laevnenburch verk. Swiker von Prandiez Weingülte ,ex pecia terre vinealis Sclaf nuncupata sub castro Laevnenburch, quam colit Hainzlinus d. vor dem tor; s. Sn. B. III, 28: bei Mori 1259 una pecia terre cum vitibus sclauis, die Rebensorte Gschlafne. 62. 1694 Hof in der grueben (dazu zween Tillweingarten der Sembl u. Grischen genant), 1579 Grübl ain halber hof, 1536 das Guot in der gruoben, 1470 der paur in der gruoben, 1320 in praes. Ullini in fovea de Leunenburch, 1316 in der gruob in loco d. akkefeive. 63. 1694 Kellerguet, 1579 Kellergüetl Sélde, 1536 das guot am keller, 1490 Michel am keller, 1470 der paur am keller. 64. 1779 gleichbedeutend Oberer u. Greithof, 1579 Kreithof ain halber hof, 1470 das Gereutguot, 1333 Uli genannt reutter; 1327 Hr. Chuonzelin von Prandiez verk. Weingülte ex curia sua Ober akkefeiue que olim colebatur per Chuonzelinum d. in dem reben, 1316 curia dom Swikeri de Prandiez dicta zc akkefeyue. 65. 1686 Jakob Tschengg am Schuechgrabenguet zu O. Akpfeif, 1643 Christian Räter von Schuechgraben. 66. als An- wesen ziemlich jung, als Flur uralt: 1779 Finsterpichlguot, 1694 O. Finster- pichl, A. Finsterpichl mit altem Gemäur ainer Torggl, 1598 Oswald Spétl z. vom obern Finsterpüchl, Mich. Buecher vom untern, 1316 dom. Sweikerus de prandiez locavit Chuonrado haseler de Naraun nec non Hainrico d. Resche de Tisens peciam terre ze vinster pühel supra akkefeive. Finster- büchl grenzt an Tisens. 67. schon im 12. Jh. durch die Ahnen der Brandis von den Grafen von Pflaumb erworben s. Anm. 43; seit der Er- bauung des Schlosses Brandis 1236 teilte sich das Geschlecht in zwei Linien, die Lananburger u. die Brandisser. Geschrieben wird Lananburg fast ebenso verschiden wie Lanan (s. S. 106): 1511 sigelt Jörg Brandisser von Leoünburg, 1407 Fridrich Lanenburger, 1394 Lenenburg, 1338 Perchtold de castro lawnenburg, 1276 dom. Hilprand. de launenperch, 1242 dom. Hainr. de

| Schl. Lánanburg | Sillhacker[69] $1/_2$ H. |
| Hof vorm Tor[68] H. | Götzfrid[70] S. |

leuneburgo, 1231 dom. Brandhoch fil ylteprandi de leunano (bei Hormayr,
Beiträge No. 153 wird ein Ylteprand de Lugugnano unter den vasalli de
allodio comitis Ulrici de Ultimis aufgeführt); 1215 Brantho de Leúnan, 1208
Hilteprand de Leonan GCh. 45, 71.   68. 1579 Hof vorm tor ain ganzor
hof, 1528 Hans Sürchacker zu Akpfeif u. Diepold purgawner in Martell als
Gerhaben Fridrichen Hensleins vor dem tor gelassnen suns bekennen dass
Hr. Jacob von Brandis um 250 fl. die pawrecht des hofs vor dem tor er-
kauft u. bar bezalt habe, 1482 Minig (Dominik) vorm tor, 1394 praes. Ulr.
ante portam de Leunpurg, 1369 in praes. Ulrici vor dem tor de lanenberch,
1333 Told genant vorm tor, 1321 dom. Bertold. de Laevnburch vend. dom.
Swikero de prandiez curiam ante portam castri Leunenburch quam colit
Hainzlinus fil. q. Jacobi vor dem tor.   69. 1694 Paurecht zu Sillhack,
aber 1579 Sirchacker ain halber hof, 1519 Sürchacker zu Sackpfeif (!), 1490
Kunrat Surchagkrer, 1320 in praes. Chuonzelini fil. q. Jakobi de Sürchakcher,
1296 praes. Jaclino de surchacher. Sürch ist eine dem Mais ähnliche Futter-
pflanze u. erscheint in alten Urbaren häufig, ein Beweis, dass sie früher vil
gebaut wurde.   70. 1694 Gezfridguet, 1536 Götfridguot, 1470 Gözfrid,
aber 1319 in praes. Nikellini sub lapide; PN. Gauzfrid H. 129, vgl. S. 97
Anm. 10.

Föllan.*

1. Ráteis[1]:   *T* Runstner[3]
  T O. Mösl[2]

* 1424 Fölan, 1394 Föllan, 1369 Völlan, 1281 vollan, 1266 Fullun
(Wirtemb. Urkb. 6, 279), 1210 Fulanum Uf. 11, 1189 in Follano (Font. rer.
austr. 5, 86); ital. Foiana: 1419 in foyana (A. Proveis), 1293 de valle foiane
(A. Tisens). Uf. 11 Fulianum vom PN. Fulius.

Gerichtlich war Föllan geteilt; der etwas gröfsere Teil gehörte zum
Gerichte Tisens, das später mit der Feste Maienburg verbunden war, die
kleinere Hälfte zum Gerichte Stain unter Lewenberg; ich bezeichne die Zu-
gehörigkeit oben durch *T* = Tisens u. *St* = Stain. 1831 wurden beide Teile
mit dem Gerichte Lanan vereinigt.

An der Ehafttáding der Gerichtsgemeinde Tisens namen die betreffenden
Föllaner teil u. es wurde aus ihnen ein Gerichtsgeschworner u. ein Aus-
schuss im Gericht gewählt.

Die Markgenossenschaft, zu der beide Teile gehörten, bestimmte beim
Dorfrecht an der Volten nach geordneter Reihenfolge den Dorfmaister,
Kreuztrager u. zwei Waldbeschauer. Der Gröfse nach wurden früher *höfer*,
halbhöfer u. *séldner* unterschieden (W. 174), jetzt weifs man nur mer von
ganzen u. halben Gemeinderechten, oben mit G. u. $^1/_2$ G. bezeichnet.

(1.) 1. 1775 Gemain Ratteis, s. Anm. 7; auch die ersten 5 Höfe von
M. Lánan ligen in Rateis s. S. 116 f. Dises bildet ein grofses Ried ob der
Schlucht, durch welche die Falschauer hervorbricht, gegenüber am linken
Ufer ligt das Ried Gagers mit dem Schl. Braunsberg vgl. S. 109. Die
Viertlnamen sind als solche nicht alt, 1360 stehen dafür: *zu den gerewtern*
(Rateis), *auf gäll* (die höhern) u. *auf vollan* (die tiefer ligenden Höfe bei
u. unter der Kirche). 2. 1736 Rupert Miller von Aichholz zu O. Mésl.
1681 Ferdinant Miller besizt das ober Méslguet, 1473 ober Mösler W. 174.
Gehört zur Markgenossenschaft O. jetzt M. Lanan u. muss deshalb einst mit
U. Mösl zusammen ein Anwesen gebildet haben, s. S. 117 Anm. 3. 3. 1497
Hans rungster auf völlan, 1480 Hans ehel. sun weiland Raphaels von Rungster,
der ein ehel. sun gewest ist Hrn. Randolfs von Rungster auf Véllan, 1439
Michel Sohn Randolf von Runks, 1413 Hans Runksär ab volln, 1369 dom.
Johannes de Runchs, 1331 dom. Swiklin de Rungkes, 1318 u. 1315 dom.
Swikerus fil. q. dom. Purkardi de praunsperch sive de Runkes, 1307 curia

T Helmstorf[1] G. T Platter[8]

T Unterweg[5] T Tratguot[9] G.

T Raffler[6] T Weirer[10] G.

T Lorgg[7] T Késtenholz[11]

super vollano in loco qui dicitur Runkes ze lygöde, 1305 Tristram Sohn
Tristrams von Runks verk. Fritzo dem S. Alberos von Meinberch Haus bei
S. Peter in Leunan AB. 2193. Über Runks s. S. 86 Anm. 21.   4.   1775
Ansitz zu Helmsdorf in Ratteis Gerichts Maienburg u. Tisens, 1723 Hr. von
Sagburg z. von Turnguet, 1681 Helmbstorff von Alters *Turnguet* genant
besizt Frau Anna Maria Cämpin geb. Helmbstorff, so zu ainen adelichen
Ansiz erpaut worden, 1487 Cünz auf des Rungsters turnguet. Die Helmsdorf
sind demnach eingewandert u. haben vom Runstner das Turnguet an sich
gebracht; nach dem Ehrenkränzel wurden sie 1567 der Landesmatrikel ein-
verleibt.   5.   1681 Unterwegguot in Rateis, 1577 Unterweger in Ratteis,
1394 praes. Ch. d. vnderweger de monte völlan, 1360 guot zu unterweg.
6.   1681 Raflguet in Rateis, 1665 Raffiguet od. *Weggnet* genant in Rateis,
1360 wegguot.   7.   seit mereren Jh. mit Blasbüchl vereiniget (S. 116);
1775 Orggenguot u. Lorggenguot, 1757 Hr. Georg Atzwanger am Plaspichl-
guet hat inen das innere Rateis- od. lorgguet, 1681 das ynnder Rateisguet
ist ain alte ede Hofstath, 8 Tagm. Perkwis samt Waid u. Holzwald u. ainer
Wis auf der Pann in länener Veld, 1570 Plaspichler hat 2 Tagm. auf der
Ponna zum Rateisguet gehörig, 1490 J. Rateis od. Lorchguot (,das Lorg-Gut
hinter Völlan soll von drei Lorgen, die dort hausten, den Namen haben.‘
Zingerle, Sagen), 1360 Rateishof, das guot in Rateys. Ältere Formen: 1400
praes. Ulr. fistulatore auz *Tratteis* plebis Länan, 1296 dom. Porchardus fil.
dom. Hilprandi de prandiez investivit nomine recti feodi Artolichum extra
ulteme de linden de manso qui dicitur *tratdys* et iacet in iudicio maienberg,
quem mansum Artolichus et sui predecessores habuerunt a dom. Hilprando.
Rateis hiefs also der älteste Hof in diser Gegend, in ähnlicher Lage wie
der Rateishof im äufsersten Schnalstale, u. erst allmählich, besonders seitdem
das Anwesen die Selbständigkeit verloren hatte, dehnte sich der Name über
das Ried aus, das 1360 noch durchweg als *die gerewter, zu den gerewtern*
bezeichnet wurde.   8.   1681 Platerguet in Rateis, 1655 Platergüetl in
Rateis.   9.   1775 (Helmstorf) mer das Tratguot so besteet in ainer Be-
waldung in Rateis, auch *Harlachguot* od. Helmstorferischer Wald genant,
1681 Frau Cämpin (Anm. 4) besizt item ain paurecht so weiter kain Feur-
stath zuehat genant das tratguet, 10 star lant Ackerueld u. 4 Tagm. Perch-
wisen samt Waldung in Rateis, 1446 Tratgüetl das der weier in hat, 1430
Albrecht von Goldekch verk. an Purkhart von Prandiss 2 güter auf Vellan
daz weier u. trateguot, 1418 dratguot, 1360 trater.   10.   1681 Weirguet
in Rateis, 1430, 1360 weirguot; 1537 Hans Weier, 1487 Sigmund weier.
11.   1681 Kestenholzguet in Rateis, 1574 Kestenholzer auf Véllan, 1487 Peter
auf dem *steffenguot*, 1369 curia dicta ze dem stepphan super völlano, 1360
Steffan von gerewtern.

T Vorleiter¹² G.

T Ráter¹³ ¹/₂ G.

T Féstl¹⁴ ¹/₂ G.

T Dornguot¹⁵ ¹/₂ G.

2. im Winkl:

St { Lochmann¹ G.

T { *Züllguot*²

St { Mair an Turn³ G.

{ *Schweinsteg*⁴

12. 1681 Vorleitguet in Rateis, 1360 vorleiter, vorleitguot; 1530 Caspar, 1524 Thoman vorleiter. 13. 1775 Ratter in Rateis, 1681 (zu Helmsdorf) Räteracker so da ist ain klains erpauts Heisl, ain Acker von 7 stärlant, dan ain Késtenwäldele auch das *Stainguet* genant, 1665 Rateracker u. Stainhof auf Vellan, 1592 Räters Wald, 1557 Caspar Räter in der Vill z. vom *Stainguot* u. *Gruobacker* auf Féllan, 1418 bonum situm in der gruob, ager d. in der gruob, 1379 Hr. Laurenz vou Werenberch verk. an Ulrich goldsmid in Meran Gülte ex agro gruobacher sito super vollano, 1360 stainguot zu den gerewtern. Ráter (urspr. PN. Radheri H. 188) hiefs also ein Besitzer u. das Anwesen besteht aus dem Stainguot u. dem Gruobacker. 14. 1805 Föstl (Silvester), 1775 *Tremblguot* in Rateis, 1681 Siluester Thuelinger paut das Tremblguet auf véllan mit zuehabenden Tail u. Gmainsgerechtigkeiten, 1418 bonum dremelguot, 1360 dremlguot. 15. 1757 Dornguet in Ratteis, 1681 Dornguet auf Véllan, 1421 doren gut auf Föllan, s. S. 118 Anm. 25, 1418 bona dicta dornguot, 1360 dornguot. Die Gemeindeämter tragen im 17. u. 18. Jh. Dorn u. Trembl immer miteinander, als ein Hof gerechnet. Auffallend ist, dass die alten Anwesen Unterweg, Wegguot u. Stefan kein Gemeinderecht haben. (2.) 1. 1681 (zu Helmsdorf) die Lochmanischen Gieter als das Zil- u. Stainguet in Rateis ligend so in blofser Waldung besteend (das Lochmanguot selbst ist dort nicht verzeichnet, weil es zum Gerichte Stain gehörte), 1592 Lochmanguet (Fridrich lochman), 1473 Hainr. lochman, 1424 Lienhard im Loch ab Fölan Sw. 356, 1418 bonum lochguot, 1360 lochmanguot, der Lochman beim turn, 1307 in praes. Hainr. fil Chuonradi ex foramine de vollano. 2. 1487 das Zyllenguot hat innen Hainr. lochmann, 1394 ‚Martin genant der amman von Nördlingen richter ze Tysenz sizt an offnen rechten ze tisenz an der statt da man pillich u. ze recht sizen soll, do chom für in der erber man Chuonrat der prünnler als ain kirchprast sant severin ab föllan u. klagt das seit etlichen iaren die vrn wein auz dem zullen Guott auf föllan nit mer geben werde .... do baide tail die minn nit anniemen wolden‘, entscheidet das Schidsgericht, ‚das die vrn wein unverbrüchlich aus dem zullen Guott solde erfolgen‘ (A. Föllan), 1360 zyllguot. 3. 1592 Mairhof an Turn, 1537 Ambrosig mair am turn, 1501 Cristan mair am turn, 1477 migel Mayr vom turn, 1432 mair des hofs vor dem turn auf völlan, 1348 curia sita sub turre in Völlano. 4. 1775 Mair an Turn besizt ain Bewaldung Schweinsteg genant von 8 Morgen, 1681 Mair a. T. geneust ain stuck Waldung auf Véllan der Schweinsteig genant, 1317 Ulrich Anich von Leunan verk. Hainr. von Meinberch Hufe zu Schweinsteg in Völlan AB. 2246.

St Lenker[3] G.   *T* Baur an Stain[3] G.

St Kandler[6] G.   *T* Gletner (ea)[4] G.

St U. Lechn (ea)[7]   *T* Taubenhám[5] G.

St { O. Lechn (ea)[8] G.   *T* { Trater[6] G.

     { Ainsigl   { *Tannrast*[7]

3. Aufser der Platt[1]:

     T O. Hof[2] ¹/₂ G.

---

5. 1749 Lenkerhof, 1476 des lannchkers guot, 1472 Thoni löncker, 1450 curia Told lenker, 1429 Hans lenkcher gesessen auf Véllan, 1414 Cristan der alt lenker auf föllan; PN. Landico vgl. H. 162.   6. 1757 Kondlerguet, 1592 Thoman Kandler, 1539 Kanelguot (auch 1775 noch einmal Kahnelguot), 1450, 1439 Dietharts guot ze staben genant daz guot am kanel vf föllan (Weingarter Rodel); mhd. kanel (lat. *canalis*) = hölzerne Rinne.   7. 1775 U. Lechenguot, 1736 U. Lechen.   8. 1775 Franz Sebastian Freiherr von Hausmann besizt das obere Lechenguot (deshalb auch Sommerhaus u. Capelle), 1592 O. Lechenguet, 1473 Ulr. Oberlechner, 1414 Cuonrat oberlehner auf föllan, 1381 Perchtold. d. oberlehner, 1338 praes. Chunr. q. Niclaw de superiori feudo, 1305 agri in der nidern gruob u. in der obern gruob (vgl. Anm. (1) 13) prope domum fabri possidentur per Uolin. fil. Fritzi de Obern lehen. Merkwürdiger Weise suchte ich das entsprechende U. Lehen in ältern Schriften vergebens. Das Gemeinderecht ist wenigstens seit dem vorigen Jh. zwischen O. u. U. Lechn geteilt. (3.) 1. Actum an der Volten auf Véllan 1736: die Deputierten u. Begwaltigten der vélligen Nachparn zu Véllan in- u. aufser der Plathen verk. dem Vigili Mair am Rochenhof ain stuck aus dem Molberg, vgl. Anm. (1) 1. 2. FN. 1775 Wisalt od. Oberhofergüetl, 1730 u. 1712 Martin Oberhofer Inhaber des Wisaltguets, 1681 zum Weinreichguet wirdet genossen das Wisaltguet; 1519 Wissachguet auf Völlan, 1477 migel Mayr vom turn verk. Gülte aus dem Gute gehaifsen Wissach auf véllan, 1428 guot auf féllan ist gehaifsen *wisach*, 1360 wissach. 3. 1681 Paur am Stainhof, 1537 Hans Baur am stain, 1487 Cristan auf dem stain, 1431 Chuntz ab dem stain auf föllan, 1394 curia super lapide super montem völlan iurisdictionis Tisen, 1205 Johans us dem stain. 4. 1681 Gletnerguet, 1577 Hans Glettner, 1552 Gloettner, 1338 praes. Ulrico d. gletner, 1308 Hainr. d. gletener de vœllano; ligt mhd. *glêt* = Hütte, Vorratskammer, Keller vor? 5. 1681 Taubenhambguet, 1539 das guot zu ſaubenhaim, 1529 Hainr. taubenhaimer, 1473 Ulr. taubenhaymer, 1338 in domo habitationis dom. Christani q. dom. Frizonis de castro Maienberch habitantis in loco dicto taubenhaim (vgl. Landeshauptl. 24). 6. 1681 Tratguet, mer ain holzwaldung wun u. waid genant die Tanrast an des Traters gieter Stofsende, 1487 Burkhart trater, 1483 Lienhart zu der traten, 1338 praes. Christano fil. Jacobi de Trate, 1307 curia ze den traten que colitur per Livtoldum. 7. 1655 Paurecht wun u. waid u. waldung die Tanrast auf Vellan, 1360 Tanraster, 1307 curia super vollano Tanrast nuncupata colitur per Chuonradum.

T { Gruober[8] G.   *Reitenprügl*[12]
  { *Wintlin*   *Albentail*[13] }
T Klain Gállner[9] G.   *Satlleit*[14] }
T Grofs Gállner[10] G.   *Brant*[15]
  Kolstatt[11]

8. 1681 Gruebguet auf Véllan, mer ain aufsers stuck waldung od.
Perg genant wintlän, ligt unter die Gällner Äcker, 1490 Gaspar gruober,
1360 gruobhof; Fritzo Wilhelms Sohn von Werenberch verk.
dem Fritzo von Mayenberch 1316 seine Rechte auf den Gruebhof in Völlan u. 1318 Gülte
aus dem Vintlangut ob Völlan AB. 2238 u. 2264.   9. 1681 Klain Gäll,
1487 die gällnerin auf dem aufsern gállguot, 1483 Klain Gállguot, 1360
Hütthof auf Gall, Albrecht ab Gall.   10. 1681 Peter Supper Paut die
gros Gäll ob Véllan, 1592 Grais Gall, 1491 Hans gallner, 1487 der indere
gelhof, 1369 curia d. Gálle super völlano, 1360 Hainr. gallner, 1348 dom.
Pilgerinus de Revne vallis Annanie donavit ecclesie s. Johannis in Tirol
curiam sitam in loco d. auf Gaelle que curia fuit olim dom. Hainrici de
Gagers Tirolis sui soceri (AM.). Wie die Form auf Gaelle dartut, bezeichnet
Gáll urspr. u. noch gegenwärtig die waldige Bergkuppe, an der die Höfe
ligen; gegenüber, jenseit des Föllaner Tales erhebt sich die Tisener Gáll.
11. 1775 Kolstadtguot, die grofse Kolstadt od. iezo das Prindlegg, 1681
Hans Staud Prindler auf véllan hat inen Perg u. Waiduei das Kolstätl ge-
nant ob den Grueber ligent (gibt Vogtei auf Schl. Maienburg).   12. 1775
u. 1681 Kirchhofer Nägele u. Stétner haben miteinander Inen ain Eden
holzberg genant der Reitenprigl. Es ist ein abgegangener Hof, der Vater
des alten Nägele hörte noch häufig erzählen, im Reitenprüglwald sei eine
Hütte gewesen u. der Wald habe Reitenprüglguot geheifsen, 1483 erscheint
noch Hans Reittenprügel ab völlan.   13. 1775 zehn Höfe besizen ain
grofsen Pergwald von 20 Morgen so vor Zeiten Hofstat, Hab n. Gieter ge-
wesen, die Alpengieter genant, so dermalen unter den Inhabern abgetailter
genossen wirdet, 1681 ain grofser Perg u. Waldung genant die Albengieter,
darzue seint zehn unterschidliche Inhaber welche miteinander auf gleich
geniefsen.   14. 1775 Aichholzerische Satlleit, Hr. Jakob von Miller hat
innen Bewaldung in Gericht Tisens die Sattlleit genant, so bei Austailung
der Alpengieter übrig verbliben u. von dessen Voreltern verwendet worden,
1385 Hr. Rendel von prandiz verl. Sweicher des Sattelleiters aidem an seiner
wirtin stat Agnes u. anstat Gerdrauten weilen Heinzen chint von Sattelleit,
u. Ulreich gesezzen auf vollein auf des Helen hoffe auch an seiner wirtin
stat Agnesen dez paumgarterz tochter von waldick 3 tail ains zehenten aus
güetern in ultum.   15. greift in Platzerer Gehörde über; 1813 Hochbrant.
Ist nur zeitweilig dauernde Ansidlung geworden, in älteren Schriften er-
scheint es nicht; deshalb darf an PN. Brando nicht gedacht werden, sondern
das Anwesen ist urspr. ein ‚Brant‘, d. h. ein durch Brand urbar gemachter
Streifen im Walde. Der Hergang bei Anlegung der ‚Brent‘ ist folgender:

T Wáler[16]

T Egg[17] G.

T Neuraut[17]

St O. Meixner[18] G.

St U. Meixner[18]

T Roch (oa)[19] G.

Widen[20]

———

Ein geeignetes Stück Buschwald wird nidergebrannt, die Asche ausgestreut u. dann Roggen gesät. Diser gedeiht das erste Jahr prachtvoll u. gewährt auch im zweiten gute Ernte; dann wird die Stelle wider dem ungezwungenen Pflanzenwuchse überlassen u. anderswo ‚Brant geschlagen‘. Dise Art des Anbaues ist im benachbarten Ulten noch gegenwärtig in Gebrauch, muss jedoch früher vil ausgedehnter betriben worden sein. In Passeir heifst eine ganze Rotte Brantach, d. h. Vilheit von Brenten, am Eingang von Martell ligt das Gehöfde Brantá(ch); im Gargazoner Dorfbuch lautet der § 20: So sollen auch die Tagwercher ohne Vorwissen u. Bewilligung der Nachtperschaft kainen Prant machen u. im fahl yen ainer bewilliget wurde, soll selbiger yber zwai Jahr nit zuethan sein; für Sarntal u. S. Lorenzen im Pustertal vgl. die fast gleichlautenden Stellen W. 270 u. 466. 16. 1775 Walerhäusl in Mülpach, drum herum Waidnei, ist lutaigen. 17. nun Häusler; 1775 Georg Schwienpacher besizt Ausbruch aus dem Eggguot ob dem Meixnerhof u. aus dem Neurautguet, 1681 das Eggguet ob den Meixnerhof, mer das Neurautguet hat allain zue, weillen das Haus u. die Wisen verlänt, bei 3 stärlant Ackerueld u. ain Holzwaldung auch etwas Késtenhölzl, 1539 Neuraut; 1487 Hainr. an der ecken, 1360 egkguot, 1357 ‚H. dictus edituus de Vollan vendidit Ulino d. egger fil. q. Hainr. d. Egger vf Gall‘ Getreidegülte aus einem Acker, der in den Mairhof gehört. 18. 1775 das Meixner, Egg u. Neurautguot ist schon vor alters von denen Inhabern zusammen genuzt u. genossen worden derowegen man auch von samentlichen Gietern alle gemainen onera als Steuermaister, Kirchprobst, Waldbeschauer u. dergl. Ämter der herumgehenden Ordnung nach auszuhalten verpunden ist, 1721 Kreuzregierer fallt auf Eggguot Inhaber bede Meixner; 1592 Nottürft u. Meixenhof, 1539 notturft u. Meixenguot, 1473 Niclas Meyxner, 1430 der meichsner ze notturft. Meixner = Meifsner, einer aus Mcifsen. ‚Die Meifsner durchzogen im 17. u. 18. Jh. als Tuchhändler ganz Deutschland‘ (Joachim, Landshuter Geschlechtsnamen S. 28). Auch in Meran erscheint 1394 Johannes meichsner sartor, inquilinus Nicolai in stella als Zeuge. Der ältere Name Notturft ist entstellt: 1338 in praes. Perchtoldi q. Chunradi de notdorf de monte vollano plebis lawnani, 1285 der Hof ze Obernotdorf, der Hof datz Nidernotdorf; Notdorf dürfte wol der altd. PN. Notolf sein. 19. abwechselnd Roch u. Raich gschr. 1681 Rochenhof, 1592 Raichenhof, 1537 Rochenhof; 1537 Mathes Roch, 1519 Jörg Roch, 1473 Daniel roch die zeit dorfmaister, 1469 Johanes raich, 1439 Hensli Roch ab föllen. PN. Hroggo H. 146? 20. die Widengüter oberhalb des Widens wurden 1580 u. 1583 von Christina Falgerin gestiftet, der Widen 1642 erbaut (d. d. Anteil 726, 728).

T Krò[21]

St Stétner[22]
Stétner Mair[22]
} G.

St Mair an Gátter[22] G.

Krumer

Rédermacher

T Bángart[23]

Schuolhaus[24]

Schmid

T Kirchhof[25] G.

Kloster (oa)[26]

Spital, neu

21. 1775 Kro, Kra u. Mesenguot, 1592 Mesenguet so Kra in hat, 1432 Peter mesner auf völlan mit Zustimmung seines suns Cunrat u. seiner brüeder Ulrichs von unterwegen u. Nikels von plaspühel verk. Hern. Burkhart von Brandis gülte aus ainer wise unter dem letsthenmarkt in lenaner pfar, 1422 das mesenguot auf völlan, zinst Peter mesner KU., 1394 praes. Jacobo edituo de monte Föllan, 1357 H. d. edituus, 1338 praes. Ullino q. Waltmani ecclesiastici de s. seuerino. Die Capelle des hl. Severin ist uralt, im Kirchentrühele findet sich folgender Stiftbrief: Ich cuonrat Helblinch von des Herzogen gnaden richter von Maigenberch tuon erkant, daz ich ainen wingart da ze ville der min recht aigen ist han geaichent (zugeeignet) dem guoten sant Seuerin u. sant Nicolaus u. andern hailigen die da restent (beigesetzt sind) in der cappelle uf dem berge ze vollan u. hans also gegeben daz N pharre noch der pharrer von lounan nicht habin dermit ze schaffen umbe vil noch umbe luzel noch nieman anders wan dieselben hailigen die vor genant sint, daz die ir armuot büezent mit demselben gelt es si an buochen an missegewande al swaz in not ist, u. also daz man disen brief haize lezen alle iar so daz cruze uf disen berch kumt daz man sin nit vergezze u. swer disen brief leze der pharrer ald sin geselle das der bitte min u. ander miner friunde u. mins wibes u. miner kindt gedenke dur got flizechlichen. a. d. 1295; ein alter Weihebrief ohne Jahrzal, auf ein kleines Stück Pergament schön geschrieben, meldet, dass ‚C. episc. ecclesie tridentine altare S. Seuerini' eingeweiht u. darin vile Reliquien beigesetzt habe. Diser Bischof C. kann kaum ein anderer sein als Korad II., der 1188—1205 regierte u. sich dann ins Kloster Georgenberg zurückzog. So stand also die Capelle des Noriker Apostels wenigstens schon im J. 1200. 22. 1749 O. Mair am Gatterhof, U. Mair am Gatter; 1539 baide mair am gatter; 1525 Hans mair am gatter (1523 u. 1529 wird er Hans stettner genant; ein Jörg stetner erscheint 1483 als Junker Wolfgang Brandesers Diener), Lienhard mair; 1487 Michel mair am gatter, Erhard mair am nidern gatter; 1417 testes: mair Hans am gatter et inferior mair Hans am gatter de föllan; 1285 der Mairhof von Völlan (gechaufet von Alberen von Maienberch um 22 mark). 23. 1775 Baumgartgüetl, 1487 hofstat u. paumgartl bei der Kirchen. 24. jetzt Lehrer- u. Frühmesserwohnung. 25. 1681 Kirchhof, diser Hof ist der Gruntherrschaft halber aigen, allain gibt Vogtei aufs Herrschaft Schloss Mayenburg u. die Hoffuern zu Sechster portion sovil Prenholz vonneten aus der Herrschaft aignen Waldung genant Molberg zu fiern, 1592 Kirchhof. Früher findet sich der Name nicht, Kirchhof ist nemlich der halbe Hof am Rain, s. Anm. 29. 26. Sommerhaus der Deutschordensschwestern in Lanegg.

12

St Nágele²⁷ G.   *T* Turnwirt³⁰
T Stainweier²⁸   Schl. Maienburg³¹
T Weinreich²⁹ G.

27. FN. 1757 Nágele od. *Schwarzguet* zu Völlan, 1592 Schwarzguet
hat inen Jacob Nagele, 1539 Schwarzhof, 1519 Nágele auf Völlan, 1487
Erhart nagele, 1473 ze dem Nägelein; 1430 der swarz Chunz, 1360 Schwarz
Cuennz, 1285 des Swarzen Hof vf Vollan (von Fridrichen von Werrenberch
ledich). 28. von 1734—1838 Frühmessgütl (d. d. Anteil 731); 1775 die
Früemess besizt Behausung usw. mer dabei befindliches Wismad so vor ain
Fischweier gewesen u. der Stainweier benamset worden, 1488 wise genant
wisgüetl 2 tagm. u. 5 sterlant acker, stofst daran der ober weier des
Junkers Häl? 29. 1775 Joh. Wiser bestands wesentlich u. im Namen
Hern. Wilhelbm Abraham Freiherrn von Hueber zu Purghausen in Paiern
fatiert innen zu haben die paurecht u. Gerechtigkeit ains halben *Hofs am
Rain,* vorsteender Weinreichhof ist nach Angabe des Fatenten ain Trient-
nerisches Lehen; 1681 Siman Hofer paut den Weinreichhof; 1592 Peter
Weinreich, 1508 Hainr. weinreich, 1487 Lienhart weinreich (villeicht von
Tscherms stammend, s. S. 102 Anm. 3; PN. Winirich); 1480 Hof genant auf
dem rain auf Véllan, 1430 der Jakel am rain, 1357 praes. Toldone d. am
rain, 1355 Hainzlin. et Albert. fillii rainerii de Vollan, 1333 Seifrid an dem
rain, 1285 ein Hof an dem rain. 30. 1775 Graf Jos. Adam von Brandis
besizt die Veste Majenburg u. gleich darunter ligendes Wirtshaus; früher
immer *an der Voltn* (it. volta = Gewölbebogen) wegen des grofsen Stain-
bogens, der den Eingang ins Gasthaus bildete: 1736, 1655 actum an der
Volten auf Völlan, 1537 wiert an der volten, 1483 Lienhart wirt an der
volten, 1477 Hans slönk wirt an der vollten, villeicht 1295 B. der ligeb.
Der Dichternamen ‚Winrich an der Volt' bezeichnet also treffend die Heimat
des Dichters der ‚Sterne in der Nacht'. 31. die Feste Maienburg, mit
der später das Gericht Tisens verbunden ist, gehörte einst den Grafen von
Eppan u. Ulten u. fiel nach deren Erlöschen als tridentinisches Lehen an
den Grafen Albert III. von Tirol (Egger W. 165). 1318 Fridrich von Mein-
berch, 1312 Gebeno von Mayenberk, 1305 Fritzo Sohn des Albero von
Meinberch (AB. 2263, 2221, 2193); 1295 Cuonrat Helblinch von des Herzogen
gnaden richter von Maigenberch s. Anm. 21, 1285 Daz ist daz guot vf
völlan daz min Herre (der Graf von Tirol) chauffet von dem Phaffen von
Maienberch umb 65 march, die Höfe ze Chirchtal, Vlaisstein, Brünnelin u.
an dem Rain, 1276 Fridr. fil. q. dom. Gebeni de Maienberch, 1275 in praes.
Gebeni et suor. fratrum Hainci Pfaffi et Alberti de Maienberch (Wirtemb.
Urkb. 6, 236), 1271 in praes. dom. Ancii faffi de Maienberg (Font. rer.
austr. 5, 400), 1229 Dietmar von Poimont verl. Ulrichen von Maienberg
einen Zehent aus zwei Huben zu Diron (Türlan?) in der Pfarre Tisens, eine
davon gehört Hrn. Dietmar von Werberg, die andre, die Hehenmann baut,
ist Lehen des Stifts Trient AT. 18.

St Falger⁸² G.
St Bernharter⁸³ G.
St Rainmann⁸⁴ G.
St Kirchtal⁸⁵ G.
St Oberham⁸⁶ G.
St Brünnler⁸⁷ G.

St U. Talmül⁸⁸
St { Aichholz⁸⁹ 2 G.
{ Maurhäusl
4. Hinter der Platt¹:
T' Platter² G.

32. 1592 Valgerhof; 1476 Hans falger, 1473 Hans Vollger W. 172, 1430 die fallgarin, 1417 Conrad. d. falger, 1414 Cunrat valiger ab föllan; PN. Folger (Folkger) F. I, 441? 33. 1749 Bernhartguet, 1592 Bernhartsguot. 1281 dom. Wernhard. de vollan fil. q. dom. concii de vollan vendidit pratum ime sache (in N. Lanan) wird kaum hierher gehören. 34. 1592 Rainmannhof, 1539 Raimanhof; 1476 Lienhart Raynman, 1366 Raymannus de vollano, 1357 praes. Alberto de flaystal fil. q. Chuonradi d. Rayman, 1295 Cristain rainmans sun, 1275 in praes. Reimanni de Vollan (Wirtemb. Urkb. 6, 236). 35. 1592, 1539 Kirchtalguot; 1577 Andre kirchtaler auf Féllan, 1537 Stefan, 1495 Peter, 1469 Hans kirchtaler, 1316 in praes. Berhtoldi d. chirchtaler, 1285 ein Hof ze Chirchtal vgl. Anm. 31. 36. 1592 Abrahamhof, 1539 Fleischtalguot; 1563 verleiht der Abt von Stambs dem Bastian abraham das Vleuschtalguet auf Völlen so von Gotshaus Weingarten an Gotshaus Stambs khomen, 1489 Abraham im flaischtal, 1450 fleischtal, 1438 Conrad abraham im Flestal, 1366 praes. Wernhero pellifice de fleischtal de vollano, 1357 Albert de flaystal, 1285 ein Hof ze Vlaisstain vgl. Anm. 31. 37. 1592 Prindlerhof, 1539 Pründlerguot; 1532 Hans pründler, 1517 Hainr. pründler, 1487 Martin ze pründlen, 1430 der prunnler ab vollen, 1394 Chuonrat der prünnler kirchprast, 1285 ein Hof ze Brünnelin vgl. Anm. 31. 38. 1749 Müller in U. Völlanertal, 1519 das güetel zu dem müller im tall auf Völlan, 1503 Hainr. mulner, 1490 Walthasar mulner, 1322 dom. Diemuodis relicta Hainrici molitoris de Völlano et filii sui Chuonr. et Berhtold. vendiderunt Jacobo de Runkgegel pratum sit. sub villa Oberlaeunan in loco d. auf Gratein. 39. 1749 Aichholz (Hr. Jos. Antani Miller von Aichholz), mer das klaine Aichholzguetl (Haus u. 1 Tagm. Wis), 1736 Christian Miller von u. zu Aichholz (unter den Deputierten der völligen Nachbarn zu Véllan); 1539 Bártl walch im Aichholz (1587 Bartl aichholzer), 1517 Caspar aichholzer, 1483 Niclas aichholzer, 1360 baide Aichholzer, 1357 in praes. Hainr. d. Aycholzer, 1348 praes. Hartlino de loco d. in dem aichholz, 1285 ain Hof im Aichholz den min Herre gechauft von Wernharten Mille.

(4.) 1. 1736 Deputierte u. Begwaltigte der vélligen Nachbarn auf Véllan in u. aufser der Plathen, vgl. Anm. (1) 1. 2. 1681 Platterhof auf Véllan, 1552 Sigmund Platter auf Völlan z. vom Platterguet u. Pambgartacker, 1501 Linhart platter, 1487 mair an der platten auf V., 1319 Wilhelm von Werenberch verk. dem Fridrich von Mayenberch Gülte aus dem Plattenhofe auf V. AB. 2276.

12*

7 Kobalt³ G.   St Zéhenter⁷

7 Wisguot⁴ G.   St Hofer⁸ G.

——————   St ⎰ Plateid⁹ G.

St Gasser⁵ G.   T ⎨ U. Plateid¹⁰

St Aicher⁶ G.   ⎱ Wanacker

3. 1681 Kobalthof, 1592 Koboltenhof; 1530 Sigmund kobolt, 1493 Wolfgang Kowolt in der Wiss, 1414 Hans alt kobolt auf föllan, 1379 Chobolthof in monte Vollano; PN. Godebald H. 128? Der urspr. Name ist warsch. *in der Wis:* 1360 Lienhart in der wis, Götschl in der wis, vgl. f. Anm. 4. 1681 Wisguet auf Véllan, 1450, 1439 Hainr. an der wise dat de schib (scheib) et fovea (Weingarter Rodel), 1435 wisguot, 1418 Leonhart an der wisen frater Nicolai vor dem Turn, 1360 Götschl in der wis? vgl. vorige Anm. 5. 1749, 1545 Gasserguot, 1592, 1539 Haus an der Gassen; 1545 Michel gasser an der gassen, 1501 Hans gasser auf Völlan, 1480 Jacob (1487 Jacob weigant) an der gassen, 1450, 1439 Cuonrat am gassenguot, Fridrich büchler z. vom under gassguot (Weingarter Rodel), 1359 Frau Elspet weilent Hilprants wirtin von Leunenburch gibt Christan dem schuchster an der gazzen auf V. zu Erbrecht das Gut an der Gassen das früher Egerde u. öde was (Ferd. Zeitschrift 3, 37, 368). 6. 1592 Aicher-hof, 1539 Aichhof, 1537 Balser aicher, 1483 Hans aicher, 1450 Liephart hall aicher auf follan z. vom aichhof, 1439 maister Paul aicher auf föllan, 1307 curia in dem aichach, 1295 maier in Aichach, 1266 Meinhardus comes Tirolensis profitetur quod dom. Her. abbas monasterii in Winegarten curiam cen Aichen super Fullon a Hainrico d. clerico Nonar, quam longo tempore temere tenuit, per sentenciam optinuit diffinitivam (Wirtemb. Urkb. 6, 280). 7. 1775 Freiherr Joh. Max. von Schneburg besizt uxorio nomine den so-genanten Zechendstadl, Behausung usw. 1681 Zéchetbehausung des Hrn. von Aneberg zu lätsch. 8. 1592, 1539 Hoferhof, 1537 Hans Hofer, 1496 Hainr. hoffer, 1394 uolrich der Hofar, 1333 Seiband hofer, 1307 curia datz dem Houe, 1275 supra uollan in curia olrici houerii, 1266 curia Houars. 9. 1592 O. Plateidhof, 1539 O. Plateid, 1360 Plateider; 1563 Vilg Pladeyder, 1487 Peter platteider, 1473 Ulrich plateider, 1439 Uelrich platider, 1357 praes. Ulrico d. patlyder ab vollan; 1369 bonum. dominor. de Weingart dictum oberplatteide, 1266 dom. Wernherus de Tablat et dom. H. Vinke frater suus curiam super Fullun Houars et curias novaliumBlatide in manus abbatis (Her. monasterii in Winegarten) resignaverunt (Wirtemb. Urkb. 6, 279); zu lat. *platea* Uf. 76, Schneller, B. 90 setzt eigenen Stamm *Platta* an. 10. 1775 Joh. Margesin Plateider Gerichts zum Stain besizt in disem Gericht (Tisens) das U. Plateidguot mer den Wanacker so zum U. Plateidgüetl ge-nossen wird, 1681 besizt Frau Cämpin geb. von Helmsdorf das U. Plateidguet hat zue ain Tagm. Platige wisen sambt klainen Aichperg u. Késtenholz, mer wirdet zu solch U. Plateidguet genossen ain guet genant der wann Acker 12 stärlant grofs u. 3 Tagm. Kestenholz u. Aichperg, 1369 dom. Jacob. de Lannburch nomine dominor. de praunsberch locauit Ulrico calciatori de platteide bonum d. ze niderplatteide; 1360 Wanacker.

——————

Tisens.*

* 1394 Tysins, 1390 Tysna, 1365 Tysinis, 1289 in tisno, 1285 ein Hof-
stat datz Tysen, 1271 comunitas Tiseni, 1244 in villa de tisens, 1242 in
praes. Henrici Plebani de Tisens (Bonelli III, 347), 1231 Graf Ulrich von
Ulten verk. dem Bischof Gerard unter anderem die Leibeigenen Ebrardum
de Tisene, filios Ponzonis de Tisinis, Ottonem de Tisen (Hormayr, Beiträge
No. 153), 1226 zu Tesin AT. 15, 1221 possessiones plebis Tisin in Allees
(Bonelli III, 184), 1194 in Tizino, de Teseno, in plebe Teseni (Font. rer.
austr. 5, 401 u. 125).

Dass die Feste Tesana, die 590 von den Franken zerstört wurde, unser
Tisens sei, wurde früher angenommen, in neuerer Zeit bestritten, s. Egger
W. 166. Über die Ableitung s. Schneller 326 ff. (PN. Tiso, Tuso, Teuzo).

Die Besitzer auf dem schönen Mittelgebirge gliederten sich in Höfer,
Halbhöfer u. Seldner: 1364 als vil ain höfer (holz) schlecht, als vil sollen
zween halbhöfer schlachen; als vil ain halbhöfer schlecht, als vil sollen
zween saltner (séldner) schlachen W. 168.

Das Gericht Tisens, dessen Ursprung nicht nachweisbar ist u. das
später immer mit der Feste Maienburg verbunden erscheint, umfasste die
gegenwärtige politische Gemeinde Tisens u. die grössere Hälfte von Föllan. Im
17. Jh. versammelten sich jährlich unter dem Vorsitz des Gerichtsherrn u.
in Beiwesen des Pfarrherrn ,des Gerichts Ausschuss Verwonte samt andern
gesamt versambleten Gerichts Unndterthonnen zur Ebehafft Táding'. Auf
der Tagesordnung standen: die Ersetzung des Richter-, Gerichtsschreiber-,
Gerichtsredneramtes (1 für Tisens u. Prissan, 1 für die 4 aufsern Drittel),
der Aidschweren (3), Gerichtsgeschwornen (12), Ausschüsse im Gericht (12),
die Verlesung der Herrschaft Urbari (,nach der Verlesung vermelt die
Gerichtsmenig, dass sie daraus das Dienstlich angenommen, das Widerwärtig
aber widersprochen haben wellen'), die Namhaftmachung der Dorfmaister in
den 6 Dritteln; endlich werden bestätigt od. neu eingesetzt Mésner, Schmälzler
u. Prothieter, Metzger, Weinschätzer, Prot-, Schmalz- u. Fleischnachwäger,
Wegmacher, die Inhaber der Wirtshäuser müssen ,ir gezimendes Ver-
sprechen' ablegen.

Die älteren urkundlichen Angaben sind zum grofsen Teil dem reich-
haltigen Pfarrarchiv entnommen, nicht wenige stammen aus dem gräfl.
Brandisischen Archiv in Lanan; 1681 = steurbereitung im Gericht Mayen-
burg u. Tisens (k. k. Hauptsteueramt Meran).

1. Tisens[1]:   A. Látscher[3] G.
Kloz[2] G.   O. Graben[4] G.

— — — —

(1.) 1. die politische Gemeinde Tisens besteht wie Lánan aus Mark-
genossenschaften, die noch gegenwärtig gesonderte Verwaltung haben; die
erste wird Dorf (schon 1364 dorf Tisens W. 167), früher auch Gemain Tisens
(1548 gmain zu Tisens W. 166) genannt, auch Nachbarschaft kommt vor:
1364 wird zwischen den Edelleuten u. den Nachparschaften auf Tisens u.
Prissan über die Benützung der Wälder in Martiggl u. Gramold (Vorbüchl)
Vergleich geschlossen. Tisens u. Prissan machen den Eindruck uralter
Dörfer, sie sind jedoch nicht ursprüngliche Dorfanlagen, wol aber enthielten
sie uralte Häuser. In Tisens erscheinen unter andern 1377 in villa Tisens
in domo habit. Jacobi de Tridento, 1354 in domo dom. Erhardi de andriano
(1307 dom. Pope de andriano), 1338 domus dom. Ulrici de Greinek, 1289 in
tisno in domo ebrardi de staino, 1253 verleiht Bischof Egno von Trient
domum et canipam muratam in villa de Tysens Hainrico cognomine Gozze
qui eam emerat pro 40 ℔ a dom. Hainrico de cazzenzunge. Soweit das
Dorfbuch zurückreicht (1692), bestanden immer wie gegenwärtig 40 gleiche
Gemeinderechte (Tail u. Gmain), die ich oben durch G bezeichne, der Dorf-
maister erscheint schon 1364 W. 167. Bei dem jährlichen Dorfrecht wurden
nachweislich schon im 17. Jh. folgende Ämter nach festgesetzter Reihenfolge
auferlegt: Dorfmaister, Kreuzregierer, Waldbeschauer, Prunnenmaister,
Kemichbeschauer. Auffallend vile rom. Flurnamen finden sich im Nordosten
des Dorfes neben einander, wärend sie sonst nur zerstreut vorkommen:
Schedl (1681 Pitscholleiten od. Schedl), 1681 Pardél, Föban (1681 Febian,
1324 auf Föbie), 1681 Wise auf den Kalch, Meal (1681 Mel, 1413 ager ze
Möl, 1362 acker gelegen in Tisner gehörde haizet ze Möle), 1681 in der
Ulben (1319 in vlme), 1681 in der Flad (1403 acker in flade), 1681 auf
Purgal, 1681 zu Fundanel (1338 in funtnel), 1681 auf Plateid od. Gschlussing
(1338 in plateide), 1681 auf Plateid od. in der Piza (1323 viretum in der
pitzeun), 1681 am Wuscher (1330 ager genant wusacher), 1681 Acker zu
Warck Tisner Feld, 1681 Wise in Martigglrain (1419 bonum quod dicitur
martickelrain, pratum an der martickel). Funtnel, Wark u. Martiggl sind
verschollen, die übrigen Namen leben noch fort.   2.   1704 Klozguet, 1681
Pécklguet ob Tisens, 1566 Pöckel am graben, 1430 Nikell pökel im perg,
1418 Cunz pockli, 1399 Chuonz pokch, 1303 Perchtold poch, 1298 Berhtold
pokh de tisens.   3.   1681 A. lätschguet zu anfang des Dorf Tisens so ain
Dritl hof (zinst aufs Schl. Maienburg vogtei), 1594 A. Latscher, 1380 Ulr.
fil. Toldonis am ort de Tisens entsagt Hrn. Rendlin von Brandis allen seinen
Rechten ‚in predio sito in villa Tisens et nuncupato predium *am ort*' zu
Gunsten Herman des latschers von Tisens ABr. Der Name wurde also von
O. Latsch (s. Anm. 48) übertragen. 1364 (W. 167) muss es statt Ulrich auf
den Marth wol heifsen Ulrich auf dem Ort.   4.   1681 Bartlme öberle Zimer-
man Paut ain behausung an obern Graben, 1467 Haus am graben auf tisens.

Orthaus[5]

U. Graben[6] G.

Kramerhäusl }
Wegschaid[7] } G.

Schweiggl[8] G.

Brennsleder[9] G.

Ungerer[10] G.

{ Armenhaus[11] G.
{ *Ruefengüetl*

Richterhäusl[12] G.

Schlosserhaus[13] G.

Schmid[14] G.

5. früher Botenhäusl; 1775 Behausung so der Gerichtsdiener bewohnt, wobei sich drei Keichen befinden, 1727 des Gerichtsdieners Häusl. Im 17. Jh. gieng es noch der Reihe nach herum, wer den Gerichtsdiener zu versolden (Wohnung zu besorgen) hatte, s. Anm. (6) 19. 6. 1681 Hans Sturmb Schuester bes. die behausung am untern Graben, 1583 Hans am graben, 1477 Leo Brandesser kauft von den Intalern, die es geerbt haben von Franz Schneider selig, Haus, Hofstat samt Garten u. Punten zu Tisens, alles in ainem infang, genant am graben ABr., 1467 Haus auf Tisens gehaifsen am graben. 7. 1775 Wegschaiderhäusl, 1745, 1693 Maurerhaus, 1681 behausung in zwai unterschidliche bewohnungen (Christan Mitterer u. Jacob Gassébner). 8. 1681 Simon Gänterer Paut den Schweigglhof (z. vogtei dem Herrschaft Schl. Maienburg), 1519 Dominig Schweigkl kirchprebst, 1501 Oswald schweyckl. 9. 1681 Prensleder, 1369 bonum Ulini dicti prenleder, 1319 actum in domo Chuonradi prenneleder, 1306 Chuonr. d. prenneleder. 10. FN. 1728 Hansen Ungerers Haus vorn Widen, 1681 Behausung negst ob den widumb. Die Ungerer stammen von Lavreng auf dem deutschen Nonsberg. 11. durch 600 Jahre Pfarrhof, erst 1882 wurde der Mairhof (Anm. 31) zum Pfarrhof u. der bisherige Widen zum Armenhause u. Spital eingerichtet, das Gemeinderecht wurde vom alten Spitale (Kematerhaus Anm. 32) auf das neue übertragen. Das Anwesen war aus folgenden Teilen zusammengewachsen: 1306 kaufte Pfarrer Ulrich von Senano von Hainrich prouier domum et colliculum quod vulgariter dicitur rain in villa Tisens in der prouie iacentes in simul, cui coeret a duabus partibus Chuonr. d. prenneleder; 1506 kauft Pfarrer Veit von Nyderthor Thumherr zu Trient von Frau Cecilia verlazzen wittib weiland Leonhartens Ruef das Ruefengüetl um 23 Mark, stofsen daran der Kartäuser güter (Rauscheracker) u. des widem güter; 1678 Pfarrer Curl Schenperger erwirbt vom Kl. Allerengelberg durch Tausch den Rauscheracker sind 6 star lant unter dem Pfarrwidumb; 1681 zum Pfarrwidumb wirdet genossen ain alte Hofstat so abkomen samt zwai Tagm. anger u. ain starlant Acker alles bei ainander, so vormals nit dahin gehörig gwest (warsch. das Ruefengüetl). 12. so genannt, seit es Richter von Sölder inne hatte; 1775 Strickergüetl untern Pfarrwidumb, 1681 Behausung negst untern Widumb. 13. 1706 Waldbeschauer trift den Schlosser, 1681 Behausung am Weg von der Schrannen hinüber vor dem Widumb. 14. im 18. Jh. Stainmetzhaus (Paul, Jacob, Michl Länges Stainmetz), 1681 Behausung von der Schrannen hinüber gegen den Widumb.

Schrannenbaus[15] G.   Stricker[20] G.

Altmesner[16] G.   Kramerhaus[21] G.

Pröfing[17] G.   Adlerwirt[22] G.

{ Lewenwirt[18] G.

{ Lángeshaus[19] G.

15. nun Schrammhaus gspr. u. hie u. da auch gschr. 1775 Behausung
auf der Schronnen, 1681 Behausung auf der Schrannen. *Schranne* hiefs nicht
blos die Bank zum Feilhalten sondern auch die Gerichtsbank, deshalb dürfte
auf der Schrannen die alte Dingstatt zu suchen sein: 1382 in villa Tysens
in loco ubi iudicium regitur. · 16. jetzt Mairháns, der vom Mairhof
(Anm. 31) Tail u. Gmain mitgenommen hat; 1775 Mésen- u. Schuolhaus,
1362 des mesenamptes guot ze Tisens. 17. 1775 Behausung beim Pröfing,
1716 Jacob Dorferische Behausung beim Prunnen am Préfing, 1681 Behausung
negst untern Préfing. Die 9 Häuser Schweiggl, Pröfing u. die 7 folgenden
sind gröfstenteils von ehrwürdigem Alter, aber schwer mit den ältesten Be-
zeichnungen in Übereinstimmung zu bringen; ich muss mich darauf be-
schränken, die betreffenden urk. Angaben anzuführen: 1323 dom. eppo fil.
q. ermenrici de Tysens legavit et ordinavit domine Alhayde dicte auz dem
perge eius clauiere domum suam in loco dicto an dem prouien usque eius
obitum (1309 in domo habit. Uolrici d. eppe); 1331 Waltchuon de loco d.
an dem próuien (1330 Frau Diemuod Witwe Hrn. Dietmars von Werberch
u. ihre Söhne erteilen dem Waltchuon von Tisens, ihrem halben Eigenmann
— pro altera parte eorum proprio homini — die Erlaubnis Güter zu ver-
kaufen, 1325 Waltchuon de T. fil. q. Alberonis pei dem pach de brissan,
1324 Walchuon de t. fil. Alberti de ripa ad brissan, 1319 Waltchuon de
T. fil. Alberonis kauft acker in vlme); 1338 verleiht Pfarrer Hainr. von
Weizzenburch zu Erbrecht Chuonrado barbitonsori ad wale ut sibi dicitur
domum cum canipa, stabulo et curte (warsch. Kramerhaus Anm. 21) in monte
Tisens, cui coherent strata publica, domus quedam dom. Ulrici de Greinek,
Waltkuon de T., domus dom. Diemudis et Alhaidis Curtletzerin, domina
Diemudis dicta Poppinne (1307 dom. Popo de andriano); 1419 domus in loco
ubi dicitur am prouian et nominatur wälklens; 1338 in praes. Wolflini
calciatoris d. am prœuigen (1343 Wolflin calciator); domus Heller s. Anm. 22.
18. 1775 Wirt an Profing an Löwen, 1681 Wirt an Préfing, 1628 Wirts-
haus an Préfing, villeicht 1407 Tiesne in domo habit. Perchtoldi tabernarii.
19. auch Selzam FN. 1681 Längeshäusl (z. Afterzins in das Wirtshaus an
Préfing). Der FN.·Lánges stammt aus Unser Frau im Wald. 20. früher
Schmitte: 1775 Thaman Albrecht Schmid, 1681 Schmittenbehausung negst
ob dem Préfing daraus der Prunnen geet, 1655 Behausung zu Tisens daraus
der Prunnen am Préfing geet. 21. 1775 Kramerbehausung am Pröfing,
1700 Maffe Behausung beim Préfing, 1681 Behausung am Préfing. 22. 1775
Wirt in der Höll, 1681 Wirtsbehausung in der Hééll (derzeit aigen, gibt
aber Adlsteur u. gmaine Steur), 1628 Actum in der Héll zu Tisens (Ehe-

Hülber[23] G.	Früemesshaus[26]
Kramer[24]	{ Krebshaus[27]
Pflegerbaumann[25] G.	{ Abraham[27] G.

hafttáding), Wirtshaus in der Héll, 1417 in domo habit. Nicolai sartoris nominati in der Hölle; warsch. scherzhaft od. später aus Misverständnis umgedeutet aus dem Namen Heller: 1338 Nikellinus Heller, 1321 super canipa domus habit. Waltheri d. Heller, 1319 praes. Walthero d. Heller ab proeui, 1275 in praes. Fridr. Hellerii. Pröfing (urk. Formen s. Anm. 17 u. S. 67 Anm. 70), ahd. *phrofa*, ist Lehnwort aus lat. propago = Setzling, Ableger, s. Sn. III, 28 (von propagare stammt das mundartl. profen u. das schriftdeutsche pfropfen). Die Bedeutung muss sich in deutscher Zeit erweitert u. etwa, ähnlich dem häufigen Flurnamen Pflanzer, Pflanzung, Neuanlage bedeutet haben. Daraus scheint hervor zu gehen, dass die Häuser ‚am prouien', ein volles Viertel des Dorfes, erst nach der deutschen Einwanderung entstanden sind. 23. jetzt Béck; 1681 Hans Stainegger paut den Hilberhof (z. auf das Schl. Maienburg vogtei), 1594 Hülber. 24. 1775 Kramerhaus od. *alter Widum* negst der Pfarrkirche, 1681 Christan Stickler hat Inen ain behausung mit umb u. in gepeyen sambt sonderwahrn stéckl auch Stadl u. Garten, der alt widumb genant, mer 11 stär lant Acker der halb *Frizenhof* genant auf Purgall Tisner veld (z. aufs Herrschaft Schl. Maienburg vogtei), 1583 der alte widumb von Wilhalm Fullenpach herrierend, 1433 partholomeus aus dem alten widen, 1400 in domo Berhtoldi generi Jacobi ex antiqua dote plebis Tysna, 1362 Jacob auz dem alten widmen ze T. erhält von Christofflen walchen als Entschädigung Ackerfeld ze Möle, 1354 in antiqua dote, aber 1302 in domo dotis; die Übersidlung in den neueren Widen fand also im Beginne des 14. Jh. statt, vgl. Anm. 11. 25. im 18. Jh. Baumannhaus zum vorigen: 1723 erhält Dionis Stickler vom Pfarrer Eberschlager die Pawrecht des alten Widens, Haus usw. samt ainen Pawmanhaus, 1733 Karl Stickler Pfleger u. Richter alda zu Tisens (1681 sonderwahrs stéckl, s. vor. Anm.). Bei der Trennung kam das Gemeinderecht, das früher vom alten Widen genossen wurde, zum Baumannhaus; 1775 heifst dises Roregger-, jetzt Márklhaus. 26. die Frühmesse wurde 1736 gestiftet, das Haus aus dem Abrahamhof erkauft. 27. jetzt Berger, weil die Vorfahren vom Bergerguot in Freienberg auf den Abrahamhof gezogen sind. Der Abrahamhof scheint aus mereren Teilen zusammengewachsen zu sein: 1775 Joh. Bozner besizt die Krebsbehausung u. Wise, weiter den Abrahamhof so besteet in ain grofsen Stadl u. Stallung u. ainer sonderwar erpauten Torggl so vormals ain Behausung gewesen u. durch Feuersbrunst abkomen sein soll, mit Äckern u. Wisen; 1681 Hr. Balthasar Frank von Frankenperg hat Inen ain wol erpaute behausung usw. auch sonderwahr erpauts Pauhaus u. Anger darob, mer die Paurecht des Abrahamhofs so zuehat ain grofsen Traidstadl, ain gemauerte Torggl so vorhin ain behausung gwest unter der Krebsbehausung an der Strafsen ligend, ackerveld in der Langneu, in Türtsch, in Stockacker,

Faznagerhaus[28]	Schuolhaus
Lackbaur[29] G.	Kematerhaus[32]
Gasser[30] G.	Késsler[33] } G.
Pfarrhof[31] }	Gassbaur[34] } G.
Mairhäusl }	

Hochacker u. auf Fébian, Wismad auf den Kalch, zu mel, unter den weir,
in der Kesslerin, aufn Schedl u. auf Febian; 1449 Georg u. Markel des
Krebsen sün verk. des Krebsen haus zu T. Lienharten dem Klechlein als
Kirchprobst der Pfarrkirche; im 14. Jh. Vederles Haus: 1321 Fritzo Edithuus
in T. vendidit pro 80 ∅ Walthero trule in brissan tamq. provisori ecclesie
domum . . . (Früemesshaus?) sitam in villa T. supra ecclesiam et dotim eius,
cui coherent strata publica, via comunis ducens ad domum Chunradi vederles,
bona eiusdem vederles, bona heredum q. Hainrici dicti obkirchen (später
Abraham- od. Faznagerhaus?), 1323 domus domine Irmle d. vederlesin,
Chunr. vederlœs, 1298 vederleisina; 1381 praes. Uolrico d. abraham de
Tisens ABr., 1362 Ott abraham.   28.   warsch. 1681 Torggl, vorhin ain
behausung, unter der Krebsbehausung an der Strafsen ligend, s. vor. Anm.
u. 1449 Lienharten mülmaisters Haus, gen Aufgang des Krebsenhauses.
29.   1775 Lackgüetl, 1681, 1655 Behausung in der Lackhen.   30.   FN.
1775 Anna Gasserin hat innen ain Behausung ob dem Mairhof, 1718 Andre
Gassers Beh. negst untern Spirn, 1705 Math. Gasser obern Mairhof, 1699
Haus untern Spirn, 1681 Behausung ob dem Mairhof; der Name Gasser setzte
sich um so leichter fest, da das Haus an der obern Gasse ligt.   31.   das
dritte nachweisbare Pfarrhaus, s. Anm. 11 u. 16, bis 1880 Mairhof od. Self
(de Sölva), 1775 O. Mairhof u. darunter ligendes Tagwercherhäusl, 1681 Hrn.
Thomas Frankens von Frankenperg Erben haben Inen den Mairhof u. ain
alts unbewohnts Heisl negst darunter (Grundherr das Kl. der verschlossnen
Porten zu Gries, z. vogtei auf das Schl. Maienburg), mer ain Anger hinter
dem Mairhof, der waldner Anger genant; 1519 Cristan Hendler iez Mair
auf Tisens (A. Gries).   32.   nun Mésnerhaus, bis 1880 Spital s. Anm. 11;
1775 Kematerhaus, 1722 Haus negst ob dem Gasshof od. Aignerhaus, 1681,
1628 Haus untern Freithof.   33.   erst neuere Bezeichnung; 1775 Berger-
güetl so aus dem U. Mair od. Gasshof rüeret, 1681 Pergergietl so ain viertl
aus dem Gasshof ist, 1627 Pergerguet (Thoman Frank); schon vil früher
wurde diser Viertlhof gesondert verlihen, s. folg. Anm.   34.   1775 Mairhof
in der untern Gass, 1702 Gasshof auf der Schrannen, 1681 Mairhof an der
untern Gassen ist $^3/_4$ aines Hofs, gruntzinsper dem Kl. Weingarten, z. der
Gerichtsherrschaft zum (Stain ausgeblieben) unterlebenberg vogtei, soll auch
zu S. Christoffl Cappellen das Kirchprobst u. Mésenambt verrichten u. darzue
den Opferwein hergeben, 1603 wird zwischen dem Pfarrer von Mais als
Vertreter der Grundherrschaft Kl. Stams (früher Weingarten) u. Thoman
Frank als Inhaber des Mairhofs Vergleich geschlossen über die Herstellung
u. Erhaltung der disem Hofe incorporierten s. Christofcapelle, ,die nun izt

Cristoflhaus[35]

Treibgasser[36] G.

Rüedinger[37] G.

Holer[38] G.

etlich vil Jahr her in merkliche pawfelligkeit u. iblen stand gerathen'; 1439 curia auf Tisentz, Margret mair Hainrich seligen tochter hat drei tail, Jacob mair Hansen seligen sun ir vetter hat den vierden tail (Weingarter rodel), 1419 Hainr. villicus prepositus ecclesie, in praes. Johannis villici; 1394 praes. Hermano vilico de Tysins, 1366 praes. Hainr. d. iungmair, 1342 in praes. Chunr. iuvenis villici de T., 1330 in praes. Hainr. d. Hirtze villici de T. et Chunzelini privigni eiusdem, 1326 gotslin. fil. Chunr. villici, 1306 praes. gerungo filius (!) q. volrici fillicis (!) de T., 1273 in praes. villici Rudegeri de tisens. 35. früher Einsidelei bei S. Christoph s. vor. Anm.; 17?? stellt frater Bruno Rafeiner, ehlicher Eltern Kind u. mit 500 fl. versorgt, an den Gerichtsherrn, den Pfarrer u. die Ausschussverwonten das Gesuch, ihn als Eremiten aufzunehmen, da Bruder Christof (Christoforus Eremita zu Tisens) gestorben sei. An das Begräbnis eines der letzten Einsidler erinnerten sich noch die Eltern des gegenwärtigen Geschlechtes. Es sei feierlich unter Führung des Dechanten von Lanan u. grofser Beteiligung des Volkes vor sich gegangen, da der Ainsigl im Rufe grofser Frömmigkeit verstorben war. An ihn knüpft sich auch folgende Sage. Als er eines heifsen Herbsttages den Einsidler im Jacobertal, in den Felswänden unter Karnol, Anm. (7) 3, besuchte, quälte ihn auf dem Wege der Durst. Er zog aus dem Karnoleracker eine Rübe aus u. labte sich daran. Seit dem liefs ihm der Gottseibeiuns keine Ruhe mer in seiner Klause, er blies ihm den Rauch in die Küche zurück u. rief hinunter: Ruobendieb, Ruobendieb! Erst als der gute Ainsigl dem Karnoler seine kleine Missetat gestanden u. diser ihm die Rübe in aller Form geschenkt hatte, musste ihn der Böse in Ruhe lassen. 36. 1775 Behausung an der Treibgassen, 1715 Padstuben auf der Treibgass, 1702 Behausung auf der Tr., 1695 Weber im Loch od. Padbehausung; 1681 Thoman Westerhauser Leinweber besizt ain behausung zu unterist des Dorf Tisens die Altpadstuben genant, Paul Lánges paut das Treibgassguet, ist derzeit ain Tagm. Anger u. vor Jarn ain feurstat gwest; 1506 Bartlme an dreitgassen Vertreter seines Bruders Hansen stainman als Kirchprabst, 1430 Jekel an der Trygassen ze Tisens. 37. jetzt gewönlich Lochbaur; 1681 wie 1775 Riedingerguet, 1631 die Gerichtsrednerei kombt heur auf die behausung im loch hat Hans Aufmueth Redermacher Innen, 1566 Ruedinger; 1331 Petrus de agerlaetsch habitator in loco d. ze pudeleyde (doch wol verschr. für Pudelein — 1325 Peter von puedlein) vendidit Waltchuoni de loco d. an dem prœuien pro 25 Ø ain halbes manne mat wise in loco d. ze treipgasse territorii ville Tisens, coheret dom. Ruodiger ibidem, 1308 in praes. Ruodingeri filii Ruodingeri de Tisens; PN. Rüdeger. 38. 1681 Hollerguet, 1430 Hans Holler, 1335 Aincius (Hainrich) holar; villeicht PN. Huldear H. 148 od. Gut am Holunder, mundartl. Holer?

Föbaner [39] G.   Gurten [43] G.

Buocherhäusl ⎫   Angerhof [44] G.

Kreuzweger [40] ⎬ G.   Egghaus [45] G.

Spirn [41] G.   ⎧ Résch [46] G.

Schmélzerhaus [42] G   ⎩ Pittnerhäusl

39. im 17. u. 18. Jh. werden zwei Kreuzweghaus aufgeführt u. nach
den Besitzern unterschiden z. B. 1748 Ambergs Kreuzweghaus, Koflers Kreuz-
weghaus; 1681 Matheus Unterholzer paut ain behausung das Kreuzweghaus
genant. Erst in unserem Jh. setzte sich nach dem Riede Föban (s. Anm. 1)
der Name Föbaner fest.   40. 1681 Anthonien Ampergs Tischlers Erben
besitzen das Kreuzweghaus u. 12 x zuehabenden Gruntzins von negst darbei
u. daranstofsenden Heisl so davon verkaufft worden, 1627 fiel das Gerichts
Rédneramt auf Georg Marquart Inhaber des Kreuzweghauses.   41. 1681
Spirnhaus, 1583 Spirnguot; 1327 Diemuod swerin? s. folg. Anm.   42. 1775
Schmelzerhaus, 1745, 1735 Georg Mosmair Pildhauer, 1702 Thoman Kopp,
Weber unter Gurten, 1681 Georg Spiell weber hat Innen ain Clains heisl
hinter des aberhamhofs stadl ligende. 1327 dom. Reimbrechtus de boimunt
plebanus secundum consuetudinem fori in bozano que vulgariter dicitur
marcrecht investivit goetalinum fil. q. Chunradi villici de tisens de una domo
cum area in villa tisens ante domum *s. katerine*, cui coherent ab ambabus
partibus vie publice, bona Diemuodis swerin, bona ecclesie s. virginis (1323
wird ein Acker erwähnt iuxta bonis *s. katerine*). Dis sind die einzigen
Stellen, die ich über s. katerina finde, in der mündlichen Überliferung ist
gar nichts erhalten. Mit einiger Warscheinlichkeit darf man Gurten als
domus s. katerine betrachten; gegenüber dem Schmelzerhaus ob dem Weg
steht die Scheune des Gurtner Anwesens, an deren uralter östlicher Mauer
sich zwei schöne romanische Fensterchen zeigen, ähnlich denen an der Capelle
auf Schl. Zenoberg. Pfarrer Geier hielt dise Mauer für den Überrest einer
Hauscapelle.   43. 1775 Behausung am Gurten, 1703 Gurtenbehausung,
1681 Gurtisch behausung; s. vorige u. folg. Anm.   44. 1681 Angerhof
Paut Gregori Partolin (Grundherr Kl. Gries, z. vogtei dem Schl. Maienburg),
mer ain Acker an seines hofs gieter Stofsende ob den Dorf Tisens an der
Wolfgrueben ligende (gibt vogtei auf Maienburg); 1583 Angerhof, 1501
Ulrich im anger, 1413 Chunr. d. player im anger vend. Schweigglino im
anger (einer villeicht auf Gurten) agrum ze Möl, 1319 Ullin. fil. Berhtoldi
d. in dem anger, 1296 super Tysens in domo habit. domine frelle im angere
ac super bona dominorum de augea.   45. 1775 Tártsch od. Egggüetl
(1530 Christof Tártscher auf Tisens; die Flur Tártsch ligt hinter Resch gegen
Laraun s. Anm. (2) 2), 1681 Egggietl, 1631 Egggüetl unter Résch; warsch.
ein Teil des alten Eckenhofs: 1417 Lienhart ekke, 1386 bona curie d. ecken-
hof, 1323 Nikellin ekke de villa in Tisens.   46. 1681 Réschenhof mer ain
neu erpauts heisl (z. dem Schl. Maienburg vogtei), 1583 Röschenhof; 1356
Nikel resche, 1316 Hainr. Resche de Tisens, 1296 in praes. Swikeri reschonis;
PN. Rezo, Stark 81?

Mülhäusl[47] G.   A. Faznag[3] G.
  O. Látscher[48] G.   J. Faznag[3] G.
  Stainmetz   Stockacker[4] G.
2. Naraun[1]   Hasler[5] G.
  Weber[2]
        —

47. 1681 Bartlme Mairinger hat Inon das Mihlheisl ob den Réscheu-
hof, 1628 fallt das Dorfmaisteramt auf das Milhäusl ob dem Réschenhof.
Das Fitschbáchl ist jetzt zu klein, eine Müle zu treiben; haben wir an eine
Windmüle zu denken? vgl. S. 21 Anm. 35.   48. 1775 J. Latschguet, 1681
Oberlätschguet (ist dem Schl. Maienb. mit vogtei unterworfen), 1548 Steffan
Oberlätscher, 1449 Hans von Oberletsch, 1431 Hof zu aberletsch ob dem
Dorf ze Tisens; dises Ober- ist aus Ager- hervorgegangen: 1430 guot zu ager-
lotzsch, 1413 in praes. Leonhardi d. lätscher, 1283 praes. Conrado precone
de agerlætsch, 1337 in praes. Toldonis de agerletzs, 1302 Ulr. aggerlaschor,
1297 Huel (Ulrich) agelaçer de tisno.

(2.) 1. wie Laturns statt Naturns wird auch Laraun statt Naraun
gesprochen; 1492 Allrawn, 1322 Narraun, 1316 Naerraun, 1302 Chuonr. de
arran, 1288 Ze Narrûn in der Tisens MU. 137; Uf. 12 in arone zu area.
Die Markgenossenschaft zählt 22 Gemeinderechte; beim Jörgi Dorfrecht wurde
im 17. u. 18. Jh. nach der Reihenfolge bestimmt 1. der Dorfmaister, 2. zwei
Waldbeschauer, 3. der Kreuzregierer, dann wurde der Mésendienst bei s.
Hippolito u. der Wegmacherdienst auf Kalchling u. auf Tirlon samt dem
Wasserwal verlihen.   2. an disem neueren Hause vorbei zieht der Metzelan-
graben, jetzt im wilden Tal genant, als Mark zwischen Tisens u. Naraun;
1698 Acker am Mezolangraben in der Tärtsch, 1681 Mazellangraben in der
Törtsch, 1549 Mezelan acker, 1548 Metzlaun acker.   3. 1681 A. vaznag-
guet, J. vaznagguet mer die Holler leiten zunegst darunter (1758 Holerleiten
od. Gigglhirner Stuck), 1576 Seb. fazanager, 1546 Klaus Faznager, 1418
Faznaghof; 1405 Antonius de pontznage plobis Tiesne, 1323 ager ex parte
loci d. Vatzenage iuxta fossatum, 1290 Huellus der leis de nalles refutavit
in sicherium q. Walterii de ponçenago plochris et pratum in ramouno (bei
Nals), Sicherius verkauft sie dann aincio eisenbero in Nals; Uf. 8 Poncini-
acum vom PN. Poncius? Sn. I, 23 pontionaticum, pontaticum = Brückeu-
zollhaus als Lehen. Brücke findet sich freilich keine mer, aber iuxta fossatum,
am Grabon (es wird das wilde Tal gemeint sein s. Anm. 2) dürfte dise Ab-
leitung unterstützen.   4. mit Schmidhof vereiniget; 1722 Stockackerguet
(Inhaber Schmidhofer), 1698 das Dorfmaisteramt fallt auf den Stockacker,
1681 Lorenz Krienseisen Redermacher hat Innen den stockacker auf Naraun
von 6 stär lant gros sambt ainen halben Tagm. Wis dabei (fir Schlosspaugelt
wirdet gesezt von 1/3 hof 20 x).   5. 1681 Haslerhof auf Naraun, 1354
curia Haselhof, 1357 Berhtold. de Tysens dict. vz dem Haslach, 1316 dom.
Sweiker. de prandiez locavit Chunrado Haseler de Naerravn nec non Hainrico
d. Resche de Tisens peciam terre ze vinsterpuhel supra akkefeive ABr.

Schár[6] G.   Walch[12] G.
Klain Báchl[7] G.   { Plattner[13] G.
Báchler[8] G.   { Angerle[14]
Pallmann[9] G.   Rainmann[15] G.
Hofmann[10] G.   Püegl[16] G.
Schmidhof[11] G.

6. 1681 Schärnguet, 1487 Aegidius Schär erhält das Schärguot, 1394 Nikel schär auz dem haselach de monte Tysins; PN. Scaro (Scarolf, Scaraman s. H. 195), F. I, 1077 Scarius.   7. jetzt mit Plattner vereiniget; 1775 Klain Pachlguot zu Naraun abkomene Behausung usw., so Schar innen hat, 1681 Clain Páchlguet, vngeuer 5 stär lant Acker, 1¹/₂ Tagm. guete Haimbwisen, 1583, 1553 Bernhart Klain Pachl.   8. 1681 grofs Pachlguet, (fir Robaten u. Schlosspaugelt wirdet gesezt von ¹/₈ hof 20 x), 1422 pächelgut davon zinset Hainr. pächler auf Narrawn KU.; 1430 Cuonz Pechler, 1404 Hainr. pächler ab Tisens, 1394 Nikel pächler de tisen.   9. 1681, 1655 Pallmanguet, warsch. = Egeth, Eggat, Eggarth, welches Gut in Urbarrechnungen des 16. Jh. nach Báchler verzeichnet ist.   10. 1681 Hofmanguet (fir Robaten usw. 30 x), 1430 Hofmans guot hat innen Peter Hofman, 1340 Ullin hofman.   11. 1681 Schmidhoferhof (fir R. 1 fl), 1576 Bartlme schmidhofer, 1565 Lienhart Schmidhofer, 1554 Bernhard Schmidhofer, 1430 Peter Sawr ab dem schmidhof ab Naraun, 1398 in gegenwirtigkeit Ulrichen smidhofer. In arone wird urspr. disen mittleren Bodenstreifen bezeichnet haben, Pudlein die tiefere u. Türlan die höhere Terrasse.   12. 1681 O. Walchguet, 1567 Walhofer id est O. Walch, 1428 Ulr. q. Chunradi walch de Tisens, 1362 Chunrad der walch, 1327 in praes. Wilhalmi q. Hainrici walch; PN. Walaho, Stark 46.   13. 1685 Bernharthof od. beim Plattner, 1681 Andre Stainpaifs als Euogt hat Innen den Bernharthof (fir R. 1 fl.), mer ligt zunegst bei disen hof ain aufsers guet genant Angergietl, hat zue allain ain halbs Tagm. wifsmat auch thail u. gmains Gerechtigkeit, 1615 Platner auf Naraun, 1476 Hans Bernhart auf dem Pernharthof, Lienhart schmidhofer sein bruoder, 1430 Bernhart ab Naraw, 1357 in praes. Pernhardi de Narraun.   14. 1681 s. vor. Anm. 1554 Bernhart Schmidhofer u. Hans Angerle auf Naraun, 1548 Hans angerle auf Laraun gesessen; villeicht gehörte in alter Zeit Angerle u. Stockacker (Anm. 4) zusammen.   15. 1681 Rainmanhof (fir R. 1 fl.), 1567 Raimon, 1546 Rainmanhof, 1349 Hof zu Rain auf Naraun AT. 721; warsch. 1325 bona Jäclini d. honekstengel de püdelein, 1294 Chunr. d. honekhstingel de pudelein.   16. 1681 Pieglguet auf Naraun (fir R. 20 x), 1583 Piegl, 1576 puegl, 1553 Biegl. An mhd. biegel = Winkel ist nicht zu denken, da die Örtlichkeit nicht entspricht, es ligt vilmer die Umbildung eines uralten Namens vor, der im 13. u. 14. Jh. Pudelein geschrieben wird. Wie Büchlein im Volksmunde Büechl lautet, so werden die Deutschen Pudelein auf der ersten Silbe betont u. folglich Püedl gesprochen haben; d geht gerne in g über (s. S. 50 Mostrader — Mostrager, S. 52

Aigner[17] G.
Mesner zu S. Pölten[18]
Stainmann[19] G.
U. Mair[20] G.

O. Mair[21] G.
Talmül[22]
Ultmar[23] G.

Fontanell — Fungganell, der Pád in Aschl hat sich seit dem 16. Jh. in Pág verändert), u. so haben wir seit dem 16. Jh. die Form Püegl, Piegl. 1302 dom. Berhtold. fil. Pranhoy de loeneburgo investivit Hainricum d. Sike de pudelein et suos filios Ulin. et Hainr. de Neugereute an der chlause super akpheife, 1294 in praes. Chunr. d. honekhstingel de pudelein, ollinus d. gletner de pudelein, 1266 Pudelin. Neben der umgebildeten hat sich auch die mer rom. Form Patlein urkundl. erhalten, mündl. ist sie längst erloschen: 1655 in der Patlein in Naraun, 1681 Patlein Acker, 1565 Patlein wis. Über die Ableitung (von mlat. podum = praedium, domus rustica) s. Sn. I, 54. Für den Drittlhof Püegl passen warsch. folgende Stellen: 1324 dom. Reymbrecht miles de payersperch investivit titulo feodi Walchuenum de tysens fil. q. Alberti de ripa ab brissan de domo iacente ad pudlein cum pratulo cum arboribus, 1325 kauft diser Waltchuon. fil. q. Alberonis pei dem pach de brissan von Peter von puedlein (O. Mair?) um 32 ℔ Acker ze puedelein, coherent bona heredum Chuonzlini rasoris auf dem aygen ibidem. 17. 1681 Aignerguet (für R. 20 x), mer Patlein Acker, 1565 Aigner hat innen die Patlein wis, 1430 Cünz auf dem aigen, 1325 q. Chuonzlin. rasor auf dem aygen. 18. 1583 Mösner bei s. Pölden, 1566 Mesner ad s. Hippolytum, 1399 bona capelle s. ypoliti de Tisens; das Kirchlein steht auf einem richtigen Luginsland. 19. 1681 Stainmanhof auf Naraun (für R. 1 fl.), mer Patlein wis bein Piegl, 1501 Jörg stainman, 1316 in praes. Berhtoldi nepotis stainmani; 1281 in praes. Ebrardi a petra de tisen u. 1289 in tisno in domo ebrardi de staino werden kaum hierher gehören. 20. 1681 U. Mairhof (für R. 1 fl.), 1566 Mair am Tal, 1430 Üll maiger am tall, 1343 dom. Bartholom. fil. dom. Pelegrini de Runo vend. dom. Randlino de Prandiez curiam villicalem in dem tale nuncupatam sitam in plebe Tisens que colitur per Sweikerum villicum ibidem, 1293 in praes. Olderici maieri de valle foiane. 21. 1681 O. Mairhof (für R. 1 fl.), 1566 O. Mair, 1430 der obere maiger; warsch. 1331 Petrus de agerlaetsch habitator in loco d. ze pudeleyde (da es das einzige mal vorkommt, wol verschriben für pudelein), 1325 Peter von puedlein, 1319 praes. Petro nunc colonus (!) domine dicta (!) Wiraechen ab vœlertal. 22. 1681 Mihlbehausung im obern véllaner Tahl. 23. 1794 Joh. Ultmer am Ultmerhof, 1681 Franz Ultmer hat Innen den Ultmerhot (für R. 1 fl.), 1566 Ultmairhof, 1430 Hans Ultmer, 1356 in praes. Nikelini ultmer, 1316 Berhtold. fil. Berhtoldi d. vltemer de Naerravn, 1294 dom. Hainr. chever de poimunt vendidit Hainrico fil. q. gozelini extra ultmen redditus extra uno manso iacente ze pudelein; supra dicto manso dictus Hainr. emptor iam abitat. Die Ultmer (im 18. u. 19. Jh. auch Ulpmer gschr.), ursprüngl. aus Ulten stammend, hausten volle 600 Jahre auf dem Hofe, die Mutter des gegenwärtigen Besitzers ist die letzte Ultmer.

Lautzeichen und Abkürzungen.

a = bairisches *a* (zu *o* neigend)
á = helles *a*
ạ = ganz kurzer Vocal zwischen *a* und *e*
e = offenes *e*
é = hohes *e* (ö ohne Lippenrundung)
ai = *oa*, vor *m* und *n* = *ua*
— unter dem Vocal bezeichnet den Hochton
vor *ſs* ist der Vocal lang, vor *ss* kurz

{ = gegenwärtig vereiniget

} = ursprünglich zusammengehörig.

Waldmann
Wáldele
Bángarter
Pfefferlechen
Spétzger
Mairhof, Laimguot
Gartscheid
Straſser, Gasser.

FN. HN. PN. = Familien-, Hof-, Personenname.
A. H. I. M. N. O. U. vor Hof- und Ortsnamen = Aufser, Hinter, Inner,
Mitter, Nider, Ober, Unter.

AB. Archiv-Berichte aus Tirol. Wien 1888.
ABr. Gräflich Brandisisches Archiv in Lanan.
AT. Archiv für Geschichte u. Altertumskunde Tirols. Innsbruck 1864—1869.
(Die arabischen Zahlen allein bedeuten die Nummern der Regesten am Ende der Bände.)
d. d. Anteil. Der deutsche Anteil des Bistums Trient. Brixen 1866.
F. Altdeutsches Namenbuch von Förstemann. I. Personennamen.
H. Die deutschen Familien-Namen. Von Albert Heintze. Halle 1882.
KU. Kartäuser Urkunden. Abschriften von Urkunden, die das Kl. Aller-
engelberg in Schnals betreffen (A. Kartaus).
MU. Meinhards II. Urbare der Grafschaft Tirol. Von Dr. O. v. Zingerle.
Wien 1890.
Sm. Bairisches Wörterbuch von Schmeller. Stuttgart 1827—1837.
Sn. Tirolische Namenforschungen von Christian Schneller. Innsbruck 1890.
Sn. B. Beiträge zur Ortsnamenkunde Tirols. Innsbruck 1893—1896.
Uf. Rätoromanisches aus Tirol. Von August Unterforcher. Eger 1890—1893.
W. Die Tirolischen Weistümer. Herausg. von Ign. von Zingerle u. Jos. Egger.
IV. Teil. Wien 1888.

Von öfter widerkehrenden Zahlen bedeuten:
1285 der gelt von Tirol (k. k. Statth. Archiv in Innsbruck).
1357, 1369, 1379, 1394, 1418 die Noderbücher (Conceptbücher der Notare) aus
den betreffenden Jahren im Archive der Stadt Meran.
1749 Steuerbereitung des Gerichts Stain unter Lewenberg (k. k. Gerichts-
Archiv in Lanan).
